135个降本增效的采购策略

姜珏 著

中国铁道出版社有限公司
CHINA RAILWAY PUBLISHING HOUSE CO., LTD.

北 京

图书在版编目（CIP）数据

135 个降本增效的采购策略 / 姜珏著. -- 北京：中国铁道出版社有限公司，2025.5. -- ISBN 978-7-113-32107-9

Ⅰ. F253

中国国家版本馆 CIP 数据核字第 202569EH61 号

书　　名：135 个降本增效的采购策略
　　　　　135 GE JIANGBEN ZENGXIAO DE CAIGOU CELÜE

作　　者：姜　珏

责任编辑：郭景思　　编辑部电话：(010) 51873007　　电子邮箱：guojingsi@sina.cn
封面设计：宿　萌
责任校对：刘　畅
责任印制：赵星辰

出版发行：中国铁道出版社有限公司（100054，北京市西城区右安门西街 8 号）
网　　址：https://www.tdpress.com
印　　刷：北京联兴盛业印刷股份有限公司
版　　次：2025 年 5 月第 1 版　2025 年 5 月第 1 次印刷
开　　本：710 mm×1 000 mm　1/16　印张：15　字数：237 千
书　　号：ISBN 978-7-113-32107-9
定　　价：69.80 元

版权所有　侵权必究

凡购买铁道版图书，如有印制质量问题，请与本社读者服务部联系调换。电话：(010) 51873174
打击盗版举报电话：(010) 63549461

推荐序一

采购管理是企业价值链管理的核心环节,是企业盈利能力提升,以及核心竞争力形成的有力抓手。根据国务院国有资产监督管理委员会2019年12月公布的测算数据,国企采购成本每降低1%,其利润总额可相应提高7.2%左右。由此可见,采购成本的降低对企业的盈利能力具有杠杆效应。企业想从根本上控制经营成本,就要向采购环节要效益。

该书从采购人的视角出发,聚焦采购关键环节,汇集国内外先进的采购理论和方法,结合不同行业、不同企业、不同采购团队实践过的经典案例,全面系统地阐述了采购管理方面的降本增效实战策略,具有痛点精准、举措具体、方便实用的特点。

该书在序言部分,通过135个降本增效的采购策略表,条理清晰地列出了采购策略的3个中心、12个环节、135个策略,简明扼要地呈现了该书的结构层次和脉络线索,读者可作为思维导图建立记忆链接。该书又以"策略定义 + 应用案例 + 策略原理 + 适用场景"四位一体的词典式结构化处理,方便读者即查即用,也适合利用碎片化时间高效阅读。

策略原理图是该书的点睛之笔,其将很多烦琐难懂的理论性和专业性极强的文字整合为简洁的视觉图,让专业人员能够快速抓住策略重点,非专业人员也能够一目了然,看清策略的本质所在。只有抓住采购策略的本质，掌握科学、准确的采购方法，才能让企业降本增效工作更得心应手。

该书不仅是采购降本增效的实战行动指南，也是采购经典理论的学霸笔记，更是一套采购策略的典型案例集，值得相关从业人员参考。我在阅读书稿的过程中，结合工作实际，不断碰撞出新的火花，妙趣横生。每个人的思想和阅历都不尽相同，相信在姜珏老师的抛砖引玉下，读者在实践中也可以衍生出更丰富有效的采购策略。

最后，我强烈推荐此书，希望大家能以此迈向采购降本增效的新征程，助力企业高质量发展。

广西路桥集团采购服务中心负责人　文彬

推荐序二

近年来,降本增效已经成为每家企业的核心主题。在这个过程中,采购首当其冲成为降本的关键。然而,常用的采购降本方法,如压低供应商价格、降低品质,甚至减少采购人员等,过于简单粗暴,虽然可以在短期内获得一定的降本结果,但却不可持续。

如果你渴望成为一名卓越的采购降本增效专家,《135个降本增效的采购策略》将助你实现梦想。

作者姜珏老师从采购策略的3个中心和12个环节入手,详细介绍了135个采购策略,能够帮助你全面系统地了解每一个采购流程对应的降本增效的具体策略和方法。该书内容通俗易懂、简单明了、深入浅出,实操性强,配有大量实战案例和管理工具,让你直接借鉴操作,高效且持续地帮助企业获得更多降本增效。

通过学习135个降本增效的采购策略,你将全面深入地了解采购降本增效的关键要点,形成系统性的知识体系,增强自身的采购专业能力,实现精益采购与供应链管理。

法雷奥中国区间接材料采购总监　罗淼

序　言

市场竞争日益激烈，企业需要不断降本增效，以保持自身的竞争力和市场占有率。采购作为企业重要的成本管理环节，对企业的成本和效益具有重要的影响。因此，如何科学、有效地管理采购成本，提高采购效率，稳定供应链、引入供应商的创新，推动跨部门密切协同，已经成为企业和采购组织研究的重要课题。

想要攻克这个课题并不容易，因为在对企业管理人员和采购人员的咨询辅导中，我发现由于极度缺乏采购策略知识，很多采购人员即使学习了采购成本分析、采购品类管理和供应商生命周期管理等专业采购管理方法，在实际应用中所创造的降本增效也十分有限，效果大打折扣。

如何让采购人员快速学会实用的采购策略，并且能够根据所在企业和所负责的品类选择适合的采购策略，帮助企业降本增效，是我想要解决的问题。于是，我整理和总结了不同行业、不同企业、不同采购团队实践过的、行之有效的降本增效采购策略，编写成《135个降本增效的采购策略》。本书通过阐述定义、演示案例、解析原理和展现场景的方式，让采购人员快速、深入、全面地理解这135个降本增效的采购策略，并运用采购降本增效项目追踪表（见附录），帮助采购人员将这些采购策略实施到位，让企业看到立竿见影的降本增效成果。

本书分为三篇，分别从采购业务、采购管理和跨部门协同这三个关键环节细致介绍相应的采购策略。这三篇共包含十二章，涵盖了需求管理、寻源管理、价格管理、供应商管理、合同管理、流程管理、数字化管理、绩效管理、组织赋能、质量协同、设计协同和财务协同等方面，总计135个采购策略。

全书每个策略的内容均由四部分组成，分别是：

①策略定义：告诉你这个策略是什么。

②应用案例：通过鲜活的案例教会你运用这个策略。

③策略原理：通过图示让你对策略原理一目了然。

④适用场景：让你清楚地知道策略用在哪里。

其中，采购业务策略、采购管理策略和跨部门协同策略的相互关系，见图序-1。

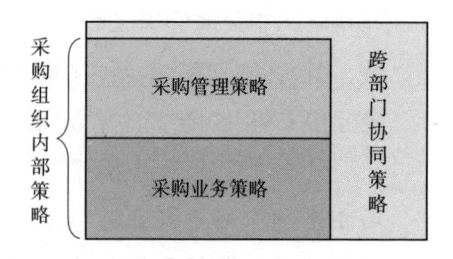

图序-1 采购业务策略、采购管理策略和跨部门协同策略的相互关系

图中采购管理策略和采购业务策略被视为采购组织内部策略，而跨部门协同策略与采购相关部门有关，被视为采购组织外部策略。内部策略和外部策略都会为企业带来降本增效收益。

通过应用这135个采购策略，企业将获得10个降本收益，见表序-1。

表序-1

序号	降本收益	序号	降本收益
1	降低采购成本	6	降低维保成本
2	降低库存成本	7	降低包装成本
3	降低生产成本	8	降低运输成本
4	降低研发成本	9	降低质量成本
5	降低管理成本	10	实现未来降本

同时，企业将获得 40 个增效收益，见表序 -2。

表序 -2

序号	增效收益	序号	增效收益
1	提高采购效率	21	避免知识产权侵权和法律纠纷
2	增加采购批量	22	提高供应商的服务水平
3	提升质量水平	23	减少库存占用和资金占用
4	提升交付水平	24	提高企业对市场变化的响应能力
5	提升采购决策水平	25	提高品牌形象
6	降低供应风险	26	促进可持续发展
7	降低成本上涨风险	27	提升合规性和风险管理
8	提高资源利用率	28	降低合同纠纷的风险
9	获得环保效益	29	提高合同执行效率
10	提高设备可靠性和稳定性	30	提升合同的效益和价值
11	获得更好的技术和专利	31	加强合同管理和维护
12	提高供应链的灵活性	32	减少沟通成本
13	保证供应链的稳定性	33	增强采购管理能力
14	加强供应商管理和风险控制	34	提高采购数据的准确性和可靠性
15	优化采购计划	35	提高采购流程的透明度和合规性
16	加强与供应商的合作关系	36	提高库存管理的效率和准确性
17	提高供应链效率	37	提高物料管理的效率和准确性
18	优化采购流程	38	更准确地掌握采购成本情况
19	扩大供应商的产能	39	改善供应商信用评级
20	加速产品上市	40	缓解资金压力

本书适合基层采购人员阅读，亦适合采购管理者和企业管理者使用。通过阅读本书，希望帮助读者朋友识别降本增效的机会，在实践中达成降本增效的成果，起到"他山之石，可以攻玉"的效果。

姜　珏

2025 年 2 月

目 录

第一篇　采购业务策略　　1

第一章　需求管理　　3

  1. 削减过度需求　　3
  2. 减少产品种类　　4
  3. 避免支出　　6
  4. 延后支出　　7
  5. 整体折扣　　8
  6. 集中采购　　9
  7. 联合采购　　11
  8. 自制或外购　　13
  9. 租赁或购买　　15
  10. 商情管理　　17
  11. 商情采购　　19
  12. 建立资源规划机制　　20
  13. 独立需求管理　　21
  14. 采购早期介入　　23
  15. 替代模型　　24
  16. 统筹化管理　　25
  17. 按补货点购买　　26
  18. 废旧固定资产再利用　　28
  19. 设备维修与保养外包　　30
  20. 优化包装　　31

第二章 寻源管理　　　　　　　　　　　　　34

 1. 全球采购　　　　　　　　　　　　34
 2. 低成本国家采购　　　　　　　　　35
 3. 最佳采购地域　　　　　　　　　　36
 4. 扶持近地供应商　　　　　　　　　38
 5. 承诺商机　　　　　　　　　　　　39
 6. "1+N"策略　　　　　　　　　　41
 7. 提前下单　　　　　　　　　　　　42
 8. 单一源管控　　　　　　　　　　　44
 9. 制定供应风险管理预案　　　　　　45

第三章 价格管理　　　　　　　　　　　　48

 1. 目标定价　　　　　　　　　　　　48
 2. 控制物料价格　　　　　　　　　　49
 3. 锁定未来降本　　　　　　　　　　51
 4. 价差管理　　　　　　　　　　　　52
 5. 最低价分析　　　　　　　　　　　53
 6. 成本分析　　　　　　　　　　　　54
 7. 总成本最优　　　　　　　　　　　56
 8. 阶梯报价　　　　　　　　　　　　57
 9. 供应商返利　　　　　　　　　　　59
 10. 销售折让　　　　　　　　　　　　60
 11. 学习曲线　　　　　　　　　　　　61
 12. 套期保值　　　　　　　　　　　　63
 13. 解释性竞价　　　　　　　　　　　64

第四章 供应商管理　　　　　　　　　　　66

 1. 供应商整合　　　　　　　　　　　66
 2. 向上整合　　　　　　　　　　　　67
 3. 排他协议　　　　　　　　　　　　69

4. 投资协议	71
5. 供应商早期介入	72
6. 利用富余产能	73
7. 产能协同	75
8. 备料协同	76
9. 延长质保期	78
10. 供应链协同	79
11. 供应商发展	80
12. 全生命周期采购管理	82
13. 战略合作	84
14. 优化利益共享机制	85
15. 配额管理	87
16. 优化供应商绩效	88
17. 管控供应商风险	89
18. 代理转原厂	91
19. 原厂转贸易商	92
20. 缩短采购交期	94
21. 削减最小起订量和最小包装量	95
22. 寄售	97
23. VMI（供应商管理库存）	98
24. JIT（准时生产）	99
25. 循环取货	100
26. 双向联动	102
27. 供应商大会	103
28. 绿色采购	104

第五章　合同管理　　　　　　　　　　　107

1. 提升年度框架协议占比	107
2. 优化合同条款	108
3. 建立合同管理机制	110
4. 签长约	112

第二篇　采购管理策略　　　　　　　　　　115

第六章　流程管理　　　　　　　　　　117

1. 建立采购管理流程　　　　　　　117
2. 简化流程　　　　　　　　　　　119
3. 优化流程　　　　　　　　　　　120
4. 优化信息流、审批流和业务流　　121
5. 优化询价单　　　　　　　　　　123
6. 建立采购计划　　　　　　　　　125
7. 发送采购预测　　　　　　　　　127
8. 优化计划协同机制　　　　　　　128
9. 管控付款条件　　　　　　　　　129
10. 费用报销　　　　　　　　　　　131
11. 授权采购　　　　　　　　　　　132
12. 供应商分级分类管理　　　　　　133
13. 不相容岗位分离　　　　　　　　135
14. 建立廉洁管理机制　　　　　　　136

第七章　数字化管理　　　　　　　　　139

1. 增加系统提示功能　　　　　　　139
2. 电子竞价　　　　　　　　　　　141
3. 反向营销　　　　　　　　　　　142
4. 数字化合同管理　　　　　　　　143
5. 商城化采购　　　　　　　　　　145
6. 自动对账和付款　　　　　　　　146
7. 料号管理　　　　　　　　　　　148
8. 提升系统反应速度　　　　　　　149
9. 跨部门共享信息　　　　　　　　150
10. 一站式采购数字化管理平台　　　152
11. 提升采购管理系统与其他系统的集成度　　154

  12. 建立供应商画像   156
  13. 数据穿透   157
  14. 建立绩效指标仪表盘   159

第八章 绩效管理   161
  1. 建立绩效考核体系   161
  2. 跨部门共担采购绩效指标   162
  3. 设定采购流程绩效   164
  4. 选择合理的降本计算方法   165

第九章 组织赋能   167
  1. 设立卓越运营岗位   167
  2. 设立采购数字化管理岗位   169
  3. 借助专家的帮助   171
  4. 建立人才培养机制   173
  5. 采购业务外包   174
  6. 提升谈判能力   176

第三篇 跨部门协同策略   179

第十章 质量协同   181
  1. 简化质检   181
  2. 品控前移   183
  3. 基地间物料质量互认   184
  4. 供应商多基地质量互认   185
  5. 供应商质量的一致性   187
  6. 让步接收与质量过剩   188
  7. 质量辅导   189
  8. 质量早期介入   190

第十一章 设计协同 193

1. 标准化 193
2. 通用化 195
3. 模块化 196
4. 兼容设计 197
5. 产品对标 199
6. 技术交流 200
7. 联合开发 201
8. 知识产权买断 203
9. 技术路标协同 204
10. 价值工程与价值分析 206
11. 分级管理工程变更 207

第十二章 财务协同 209

1. 供应链金融 209
2. 现金折扣 211
3. 延长账期 212
4. 缩短账期 213

附 录 采购降本增效项目追踪表 215

后 记 221

第一篇
采购业务策略

采购业务是指企业或组织为满足生产、运营或项目需求而进行的购买物料、设备、服务或其他资源的一系列活动和流程，旨在实现采购目标并持续降低采购成本，提高采购效率。

在本篇中，将根据采购业务的主要环节，介绍74个采购业务策略，见表1-0-1。这些策略涵盖了需求管理、寻源管理、价格管理、供应商管理和合同管理五个方面，可以帮助大家更好地理解和应用采购业务策略，提升采购管理的能力和效果。

表1-0-1　74个降本增效的采购业务策略

采购业务策略				
需求管理	寻源管理	价格管理	供应商管理	合同管理
1. 削减过度需求	1. 全球采购	1. 目标定价	1. 供应商整合	1. 提升年度框架协议占比
2. 减少产品种类	2. 低成本国家采购	2. 控制物料价格	2. 向上整合	2. 优化合同条款
3. 避免支出	3. 最佳采购地域	3. 锁定未来降本	3. 排他协议	3. 建立合同管理机制
4. 延后支出	4. 扶持近地供应商	4. 价差管理	4. 投资协议	4. 签长约
5. 整体折扣	5. 承诺商机	5. 最低价分析	5. 供应商早期介入	
6. 集中采购	6. "1+N"策略	6. 成本分析	6. 利用富余产能	
7. 联合采购	7. 提前下单	7. 总成本最优	7. 产能协同	
8. 自制或外购	8. 单一源管控	8. 阶梯报价	8. 备料协同	
9. 租赁或购买	9. 制定供应风险管理预案	9. 供应商返利	9. 延长质保期	
10. 商情管理		10. 销售折让	10. 供应链协同	
11. 商情采购		11. 学习曲线	11. 供应商发展	
12. 建立资源规划机制		12. 套期保值	12. 全生命周期采购管理	
13. 独立需求管理		13. 解释性竞价	13. 战略合作	
14. 采购早期介入			14. 优化利益共享机制	
15. 替代模型			15. 配额管理	
16. 统筹化管理			16. 优化供应商绩效	
17. 按补货点购买			17. 管控供应商风险	
18. 废旧固定资产再利用			18. 代理转原厂	
19. 设备维修与保养外包			19. 原厂转贸易商	
20. 优化包装			20. 缩短采购交期	
			21. 削减最小起订量和最小包装量	
			22. 寄售	
			23. VMI	
			24. JIT	
			25. 循环取货	
			26. 双向联动	
			27. 供应商大会	
			28. 绿色采购	

第一章　需求管理

向需求要效益是近几年许多采购管理人员的共识。在实施这一策略时，我们需要思考一些问题。例如，哪些需求是过度的或分散的，需求的满足方式是否高效和稳定，对新需求是否提前做好准备，等等。

在本章中，将介绍 20 个能够降低成本或提高效率的需求管理策略，见表 1-1-1，以帮助企业在需求管理方面取得更好的结果。

表1-1-1　20 个降本增效的需求管理策略

需求管理			
1. 削减过度需求	2. 减少产品种类	3. 避免支出	4. 延后支出
5. 整体折扣	6. 集中采购	7. 联合采购	8. 自制或外购
9. 租赁或购买	10. 商情管理	11. 商情采购	12. 建立资源规划机制
13. 独立需求管理	14. 采购早期介入	15. 替代模型	16. 统筹化管理
17. 按补货点购买	18. 废旧固定资产再利用	19. 设备维修与保养外包	20. 优化包装

1. 削减过度需求

（1）策略定义

削减过度需求是指减少对某种物资或服务的过度需求，避免资源浪费，仅获得企业真正需要的东西。其中，过度需求是指对某种物资或服务的需求超过了实际需求的程度，导致成本上升、资源浪费的现象。

（2）应用案例

一家银行总部的营销部门每年要给不同客户赠送不同款式的礼品箱包。经过需求分析，采购员发现当前礼品箱包是一个季度采购一次，会购买不同的颜色和款式，从客户的需求角度分析没有必要。因为客户不会察觉也不会介意银行送给其他客户款式一样的箱包。因此，该采购员要求营销部门一年只下一次订单，购买同一款礼品箱包，将同款箱包的一次采购量增加 6 倍。经与供应商谈判，该采购员取得了 13% 的降本业绩。

（3）策略原理（见图1-1-1）

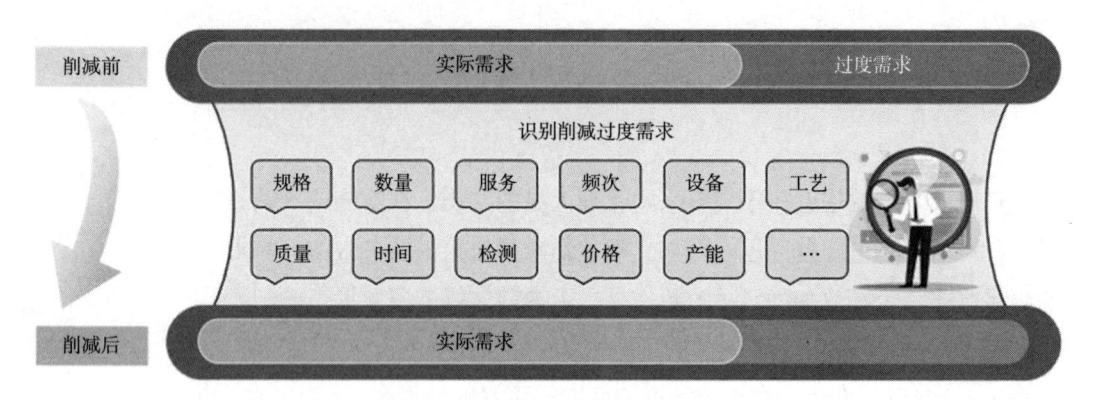

图 1-1-1　削减过度需求策略原理

从原理图中，我们可以看到很多采购需求可能存在需求过度的现象。在这种情况下，采购人员需要对需求进行多维度的分析，识别并削减过度需求，为企业降本增效。

（4）适用场景

当企业购买物资或服务时，如果存在规格过高、服务过多、时间过早、价格过高、数量过多、频率过高、质量过剩、产能浪费、工艺过严、设备过精密、检测过频繁等过度需求，通过削减这些过度需求可以帮助企业降低采购成本。

因此，想要降本，采购人员首先需要主动识别过度需求并及时进行削减。

2. 减少产品种类

（1）策略定义

减少产品种类是指减少企业所提供的产品类型和规格的数量，以便更好地实现供应资源规模化，提高效率和降低成本。

（2）应用案例

2018年，中国家电巨头美的集团（简称美的）开始采取一项新的战略，即减少产品种类，专注于做爆品。这项战略被称为梅花战略，旨在推动企业的销售和利润增长。

具体来说，美的将自己的产品线重新组织，从之前的500个产品系列减少到100个。这样做的目的是将供应资源全部聚焦在那些最受消费者欢迎、最有潜力的产品上，提升生产效率，降低采购成本，提高盈利能力。

美的进行了针对性的市场调研，发现消费者在选购家电产品时更加偏好具有巨大品类优势的品牌。因此，美的聚焦于少数核心品类，如空调、冰箱、洗衣机和微波炉等，利用其强大的研发和技术能力，力求在这些领域开发出更具竞争力的产品。

在实施这项梅花战略后，美的在减少产品种类的同时，加大了对爆品的研发和生产力度。例如，美的重点推广了全新的"Beyond洗衣机"系列，该系列采用了新一代直驱变频技术，不仅在洗衣效果上有所提升，而且在能源消耗和环保方面也更加优秀。这一系列产品在市场上销售火爆，成功成为美的的爆品。

通过减少产品种类，专注于爆品的研发和生产，美的取得了良好的销售业绩和品牌影响力。

（3）策略原理（见图1-1-2）

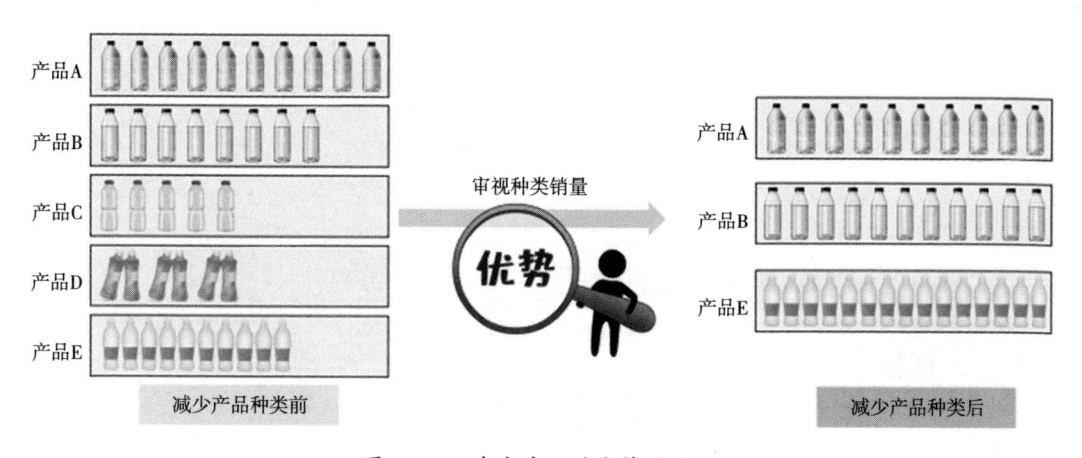

图1-1-2 减少产品种类策略原理

从原理图中，我们可以看到企业应该定期审视产品种类与产品销量的关系，识别头部产品和长尾产品，针对缺少市场竞争力的长尾产品及时做出退市的决策。

（4）适用场景

①当企业产品种类过多，导致采购量分散、库存管理困难、成本增加等问题时，减少产品种类可以降低采购成本和库存管理成本，提高库存周转率。

②当某些产品生命周期短，生产和销售成本高于利润时，减少产品种类可以降低生产和销售成本，提高企业盈利能力。

总之，采购人员在管理采购业务的同时，也要提醒企业高层或相关部门审视产品的种类，把力量集中使用在核心产品上，实现供应资源规模化，获得更多降本增效。

3. 避免支出

（1）策略定义

避免支出是指企业为降低采购成本和避免不必要的采购支出而采取的一系列措施和决策。

（2）应用案例

一家服装公司的销售部门需要一份消费者调研报告，但是采购人员发现市场部门之前已经购买过类似的报告。于是采购人员将这份报告提供给销售部门，销售部门确认不需要再次购买，从而避免了重复支出。

（3）策略原理（见图1-1-3）

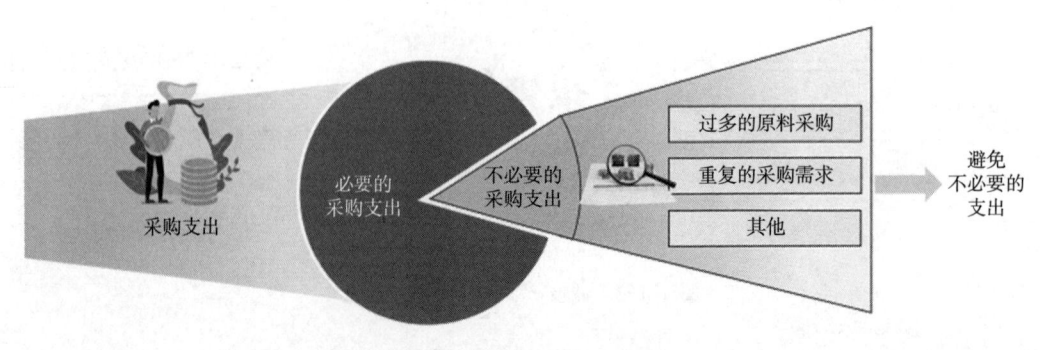

图1-1-3 避免支出策略原理

从原理图中，我们可以看到不必要的采购支出包括过多的原料采购、重复的采购需求和其他情况。采购人员的任务就是识别和避免这些不必要的采购支出。

(4) 适用场景

在采购业务缺少统筹和计划的情况下,可能会出现重复采购、采购错误、采购超预算等问题,产生无效支出。

因此,采购人员应该主动识别不必要的采购支出,避免无效支出的发生,为企业降本增效。

4. 延后支出

(1) 策略定义

延后支出是指将某个采购项目的支出推迟到未来某个时间点,因为当前时期无法为企业创造价值。这样做可以让企业在当前时期保持更多的现金流,通过有效利用资金为企业创造更多收益,同时避免库存积压或未使用的固定资产折旧损失。

(2) 应用案例

一家建筑施工企业投资建设一条公路,该公路有座特长隧道为关键控制性工程,隧道工程施工工期预计为五年,而连接隧道两端的配套道路工程施工工期仅需要两年。由于地形条件限制,只有该隧道工程建成使用后,其配套道路才能通车运营。于是,该建筑施工企业没有按照常规的做法,将所有可以施工的工作面同时启动建设,而是调整了施工组织设计,在投资建设期第一年先启动隧道工程施工,在投资建设期第四年才启动配套道路工程施工,并实现配套道路工程与隧道工程同步建成使用。

该建设施工企业通过延后实施非关键控制性工程,在不影响最终运营使用的前提下,将配套道路工程建设所需的资金近十亿元先暂时流动起来,使其产生了更高的收益。

(3) 策略原理(见图 1-1-4)

从原理图中,我们可以看到延后支出是指将当前不必要的支出进行后置。

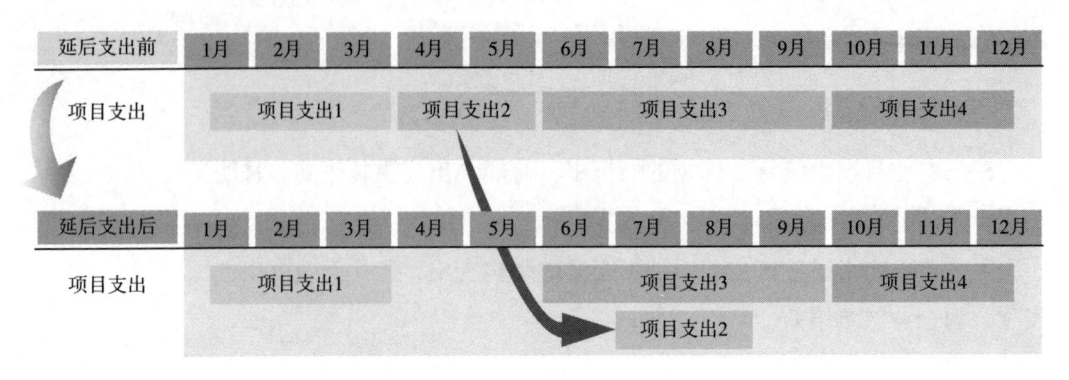

延后支出前	1月	2月	3月	4月	5月	6月	7月	8月	9月	10月	11月	12月
项目支出	项目支出1			项目支出2			项目支出3			项目支出4		

延后支出后	1月	2月	3月	4月	5月	6月	7月	8月	9月	10月	11月	12月
项目支出	项目支出1						项目支出3			项目支出4		
						项目支出2						

图 1-1-4　延后支出策略原理

（4）适用场景

①某些采购项目在当前时间段内无法产生价值，需要避免过多库存积压或固定资产闲置。

②企业需要在某段时间内维持较高的现金流，以备应对突发情况或进行其他重要投资。

因此，采购人员应熟悉物资、服务、固定资产等的使用需求，一旦发现过早采购现象，应要求延后采购，为企业降本增效。

5. 整体折扣

（1）策略定义

整体折扣是指从一家供应商长期购买产品或服务时，企业将在供应商处的所有未来支出收集起来，谈一个更大的整体折扣。

（2）应用案例

一家消费品企业的不同产品管理部门在不同时间与某书签订了产品推广协议，要求某书为该企业各产品提供营销推广和流量服务。虽然单个产品的推广费用在几十万元至几百万元不等，无法享受某书对大型产品推广的高折扣，但是将这些费用加总起来，2024年的采购总额接近5 000万元。于是，采购人员在2025年初将各产品管理部门的推广采购需求整合起来，与某书商谈整体折扣，最终获得15%的额外折扣，为企业节省超过600万元的采购费用。

（3）策略原理（见图1-1-5）

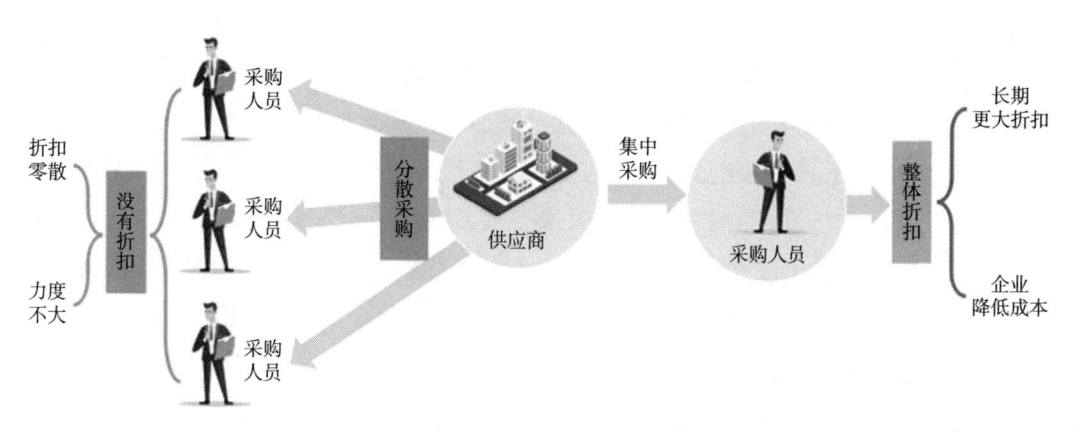

图 1-1-5　整体折扣策略原理

从原理图中，我们可以看到整体折扣的原理是，在没有整体折扣的时候，采购人员从供应商处获得的折扣是零散的，折扣力度不大。在将一年的采购量集中起来与供应商洽谈整体折扣之后，采购人员往往可以获得长期且更大的折扣，帮助企业获得更多成本节降。

（4）适用场景

①当企业采购数量较大，可以通过整体折扣获得更大的折扣优惠。

②当企业采购品类较多，可以通过整体折扣将多个品类的采购合并，获得更大的折扣优惠。

③当企业采购需求稳定，可以通过整体折扣与供应商建立长期稳定的合作关系，获得更大的折扣优惠。

因此，采购人员应该主动识别适用于整体折扣策略的供应商，主动开展谈判，帮助企业获得更大的整体折扣，从而降低采购成本。

6. 集中采购

（1）策略定义

集中采购是指一个组织或机构通过统一的采购流程和策略，集中采购多个部门或单位所需的产品或服务，以实现采购成本的降低、采购效率的提高和风险的控制。

（2）应用案例

一家跨国制造集团公司在过去的几十年中一直采用分散采购的方式进行采购，每个子公司都有自己的采购部门和供应商网络。随着集团公司规模的扩大和全球化竞争的加剧，分散采购模式逐渐暴露出一些问题，如采购成本高、供应链不稳定等。为了解决这些问题，该集团公司决定进行集中采购，并采取了以下措施：

①该集团公司成立了一个集中采购中心，负责统一管理和协调所有子公司的采购活动。采购中心集中了集团公司的采购资源，并制定了统一的采购策略和流程。

②采购中心对现有的供应商进行全面评估和筛选，建立了供应商数据库，并与优质供应商建立了长期合作关系。通过集中采购的规模效应，公司能够与供应商进行更有利的价格谈判，并获得更好的采购条件。

③采购中心对采购流程进行了全面优化，包括采购需求的集中汇总、报价和竞标的统一管理、供应商评估和选择等。优化后的采购流程提高了采购效率，缩短了采购周期，并且提供了更好的数据支持和决策依据。

（3）策略原理（见图1-1-6）

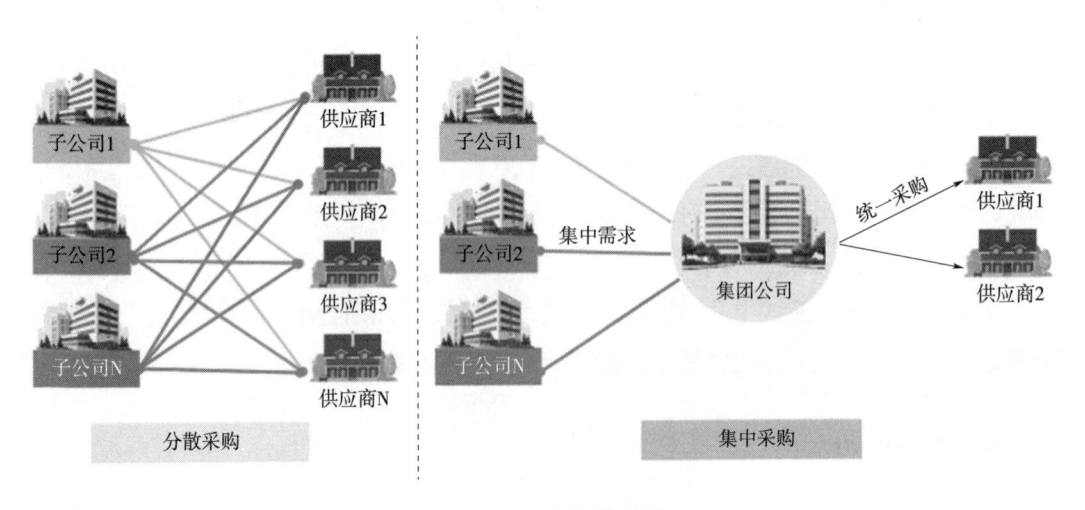

图1-1-6 集中采购策略原理

从原理图中，我们可以看到集中采购的原理是，在采购业务从分散管理到集中管理的转变过程中，由集团公司牵头组织，集中需求，实现集采。

（4）适用场景

①当企业分散采购时，由于采购量小、采购频率低、采购流程不规范等原因，采购成本较高。通过集中采购，可以减少采购流程和成本，提高采购效率和管理水平。

②当企业不同部门或分支机构的采购需求相似时，可以通过集中采购实现资源整合和采购优化，降低采购成本，提高采购效率。

③当企业需要采购的供应商数量较多时，集中采购可以整合供应商资源，减少采购流程和管理成本，提高采购效率和管理水平。

④当企业需要统一采购标准和流程时，集中采购可以建立统一的采购管理体系，提高采购效率和管理水平。

总之，在企业规模较大时，应该进行集中采购，实现更多降本增效。

7. 联合采购

（1）策略定义

联合采购是指多个企业或组织合作进行采购活动，通过共同采购来实现降低采购成本、提高采购效率、增强采购谈判能力等目的的采购策略。

在联合采购中，各企业或组织可以共享采购资源和信息，共同制定采购策略和计划，并通过合作谈判和采购来实现采购成本的降低和效率的提高。

（2）应用案例

某偏远地区的几家医院面临着采购成本高、采购效率低的问题。这些医院的采购需求存在重叠，但由于采购规模较小，无法获得更好的采购价格和服务。为了解决这个问题，这些医院决定开展联合采购。

首先，这些医院成立了一个联合采购小组，由各个医院的采购人员组成。小组成员进行了详细的需求调研和采购计划编制，确定了采购品种、数量、质量要求等，并制定了联合采购的流程和标准。

然后，小组成员开始寻找供应商，并对供应商进行评估和筛选。由于联合采购规模大，供应商愿意给予更好的价格和服务，小组成员最终选择了几家供应商作为联合采购的合作伙伴。在采购执行过程中，小组成员严格按照联合采购流程和标准进行采购，确保采购质量和效率。

同时，小组成员还定期召开联合采购会议，分享采购经验和信息，进一步提高采购管理水平和效率。

通过联合采购，这些医院成功地降低了采购成本，提高了采购效率和质量。联合采购也促进了供应商的竞争与合作，提高了供应链的稳定性和可持续性。这个案例表明，联合采购可以在降低成本、提高效率和质量等方面发挥重要作用，是一种值得推广的采购策略。

（3）策略原理（见图1-1-7）

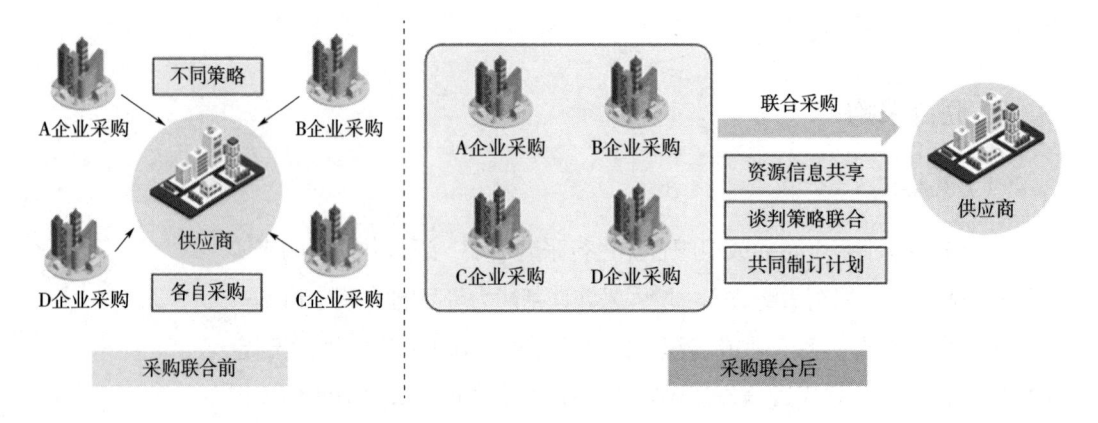

图1-1-7 联合采购策略原理

从原理图中，我们可以看到联合采购的原理是在采购资源信息共享、谈判策略、制订计划等多个层面实现多公司的联合，以获取更多降本增效。

（4）适用场景

当单个企业或组织的采购规模较小，但多个需求相似的企业或组织联合起来采购规模较大时，可以通过联合采购来获得批量采购的优惠价格和条件。

因此，采购人员应该加强与其他分公司、友商，以及与供应商的沟通，识别联合采购的机会，通过联合采购为企业降本增效。

8. 自制或外购

（1）策略定义

自制或外购是指企业在生产和运营过程中，决定自行生产或通过外部采购来满足生产需求的采购策略。

（2）应用案例1：自制转外购

一家企业生产线的配件一直自制，但是随着市场的竞争加剧，企业需要更快地交付订单，同时也需要更加专注于核心业务。为了实现这些目标，企业开始考虑将生产线配件的制造外购。

企业先进行了成本分析，经过比较，发现外购配件的成本更低。为了确保外购配件的质量和交付时间，企业在寻找供应商时进行了严格的筛选，并与之签署了详细的合同。在合同中，企业规定了配件的质量标准、交付时间和价格，以及供应商必须遵守的其他条款和条件。在外购配件的过程中，企业也需要对供应商进行管理和监控，以确保其遵守合同和交付高质量的产品。企业还需要与供应商建立稳定的合作关系，以确保长期的供应和价格稳定性。

通过转外购，企业成功地降低了生产线配件的成本，提高了交付速度，并专注于核心业务，取得了显著的业务成果。

（3）应用案例2：外购转自制

一家汽车零部件制造企业在过去一直外购液压油缸，但随着市场竞争的加剧，外购成本逐渐上升，导致企业利润下降。同时，由于外购的液压油缸不能完全符合企业的生产要求，导致生产效率低下和产品质量不稳定。

为了解决这些问题，企业开始考虑将液压油缸的生产转为自制。经过市场调研和技术研发，企业成功地设计出了符合自身生产要求的液压油缸，并建立了自己的生产线。虽然最初的投资较大，但是随着生产规模的逐步扩大，自制液压油缸的生产成本逐渐降低，同时产品质量和稳定性也得到了大幅提升。

通过将液压油缸的生产转为自制，企业不仅成功地控制了生产成本，还提高了生产效率和产品质量，增强了市场竞争力。此外，自制液压油缸还为企业带来了新的市场机会，成了企业新的利润增长点。

（4）策略原理（见图1-1-8）

图1-1-8 自制或外购策略原理

从原理图中，我们可以看到自制或外购的决策因素包括成本、产能、知识产权、切换成本、合适的供应商等，以便辅助企业做出正确决策。

（5）适用场景

自制：

①当企业具有自主研发和生产核心技术时，可以选择自制，以保护企业核心技术和知识产权。

②当企业需要控制生产成本时，自制可以通过控制生产过程和成本，提高产品的竞争力。

③当企业需要快速调整生产线和生产计划时，自制可以提高生产灵活性，满足市场需求。

④当企业需要对产品质量进行严格控制时，自制可以保证产品质量符合企业标准。

⑤当企业面临稳定的市场需求时，自制可以通过扩大生产规模和提高生产效率，降低生产成本，提高利润率。

外购：

①当企业自身生产能力和技术水平不足以满足市场需求时，可以选择采购专业化程度高的产品或服务。

②当外购成本低于自制成本时，可以选择外购，降低采购成本，提高企业利润率。

③当采购风险较低时，可以选择外购，降低采购风险，保证供应链的稳定性。

④当需要快速满足市场需求时，可以选择外购，缩短采购周期，提高市场竞争力。

⑤当生产规模较小时，自制成本较高，可以选择外购，降低生产成本，提高企业利润率。

总之，采购人员需要定期收集供应市场信息，定期比较自制与外购收益，利用自制与外购策略为企业降本增效。

9. 租赁或购买

（1）策略定义

租赁或购买是指企业在采购设备或物资时，根据自身需求和经济情况，选择租赁或购买的采购策略。

租赁是指企业通过支付租金的方式获得设备或物资的使用权，而购买则是指企业直接购买设备或物资的所有权。

（2）应用案例

一家 IT 企业需要扩大办公场地，面临租赁或购买的选择。为了做出正确的决策，该企业进行了详细的分析和比较。

首先，该企业对租赁和购买的优缺点进行了评估。租赁的优点是租金相对较低，不需要承担房地产税和维护费用等，同时租赁的灵活性也比较高，可以根据企业的需求随时更改办公场地。而购买的优点是可以获得资产所有权，长期来看可以节省租金支出，同时也可以获得资产增值的机会。

其次，该企业对租赁和购买的成本进行了比较。租赁的成本主要是租金和一些额外的费用，如中介费、装修费等，而购买的成本主要是房价和一些额外的费用，如房产税、维护费用等。通过比较，该企业发现在短期内租赁的成本更低，但在长期来看购买的成本更低。

最后，该企业还考虑了未来的发展和风险因素。如果该企业预计未来需要频繁更换办公场地，或者未来的市场环境不确定，那么租赁可能是更好的选择。但如果该企业预计未来长期需要稳定的办公场地，并且有足够的财力和风险承受能力，那么购买可能是更好的选择。

综合考虑以上因素，该企业最终决定购买办公场地。他们认为，购买可以获得资产所有权，长期来看可以节省租金支出，同时也可以获得资产增值的机会。此外，该企业预计未来需要稳定的办公场地，并且有足够的财力和风险承受能力，因此购买更符合他们的需求和预期。

（3）策略原理（见图1-1-9）

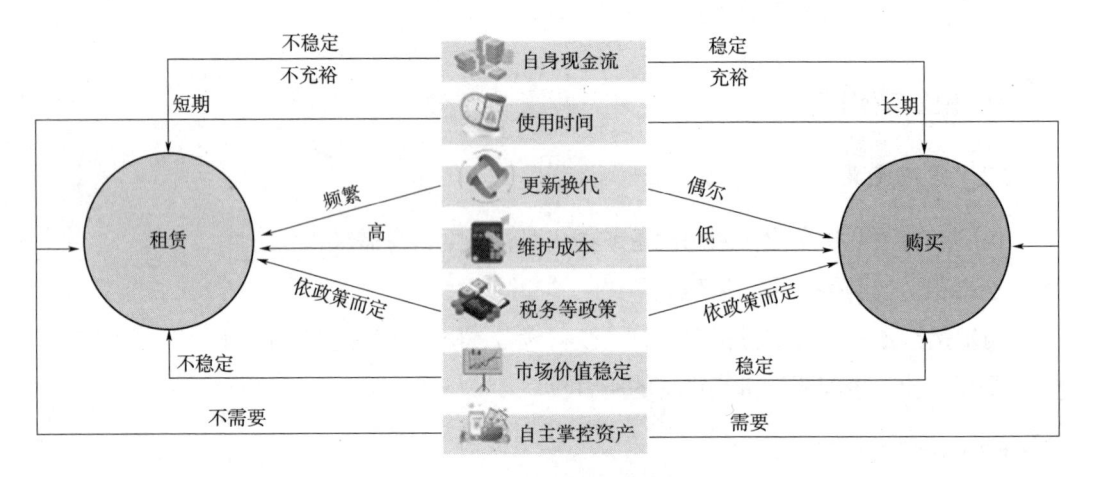

图1-1-9 租赁或购买策略原理

从原理图中，我们可以看到租赁和购买的决策因素包括自身现金流、使用时间、更新换代、维护成本、税务、市场价值、掌控资产等，以便辅助企业做出正确决策。

（4）适用场景

租赁：

①当企业现金流状况不稳定，无法一次性支付高额的购买成本时，可以选择租赁，以降低投资风险和财务压力。

②当企业需要短期使用资产时，可以选择租赁，以避免长期持有资产造成的成本和风险。

③当企业需要频繁更新换代资产时，可以选择租赁，以避免长期持

有过时的资产造成的成本和效益下降。

④当企业需要使用高成本的资产，并且维护成本较高时，可以选择租赁，以避免承担高额的维护成本和风险。

⑤当国家出台租赁税务优惠政策时，可以选择租赁，以降低企业税负。

购买：

①当企业需要长期使用资产，并且该资产的使用价值高时，可以选择购买，以降低长期使用成本和提高资产价值。

②当企业需要频繁使用资产时，可以选择购买，以避免频繁租赁造成的成本和效率下降。

③当企业需要使用的资产维护成本较低时，可以选择购买，以避免承担高额的租赁成本和风险。

④当资产市场价值稳定时，可以选择购买，以降低资产的使用成本和风险。

⑤当企业需要自主掌控资产时，可以选择购买，以保护企业核心资产和知识产权。

总之，采购人员要充分掌握租赁和购买的信息，做出正确判断，为企业降本增效。

10. 商情管理

（1）策略定义

商情管理是指企业系统地收集和分析供应市场行情、法律法规信息、关税信息、汇率波动、主要竞争对手信息、主要合格供应商信息和主要潜在供应商信息，提前识别风险，优化供应资源，为商情采购提供依据的采购策略。

（2）应用案例

一家电子产品制造商需要大量的电子元器件来制造产品。他们使用了一个商情管理系统来跟踪市场动态和竞争对手的价格和供应情况。通过这个系统，企业可以及时了解市场变化和供应商的情况，以便更好地管理采购过程。例如，如果某种电子元器件的价格上涨，企业可以立即采取行动，寻找其他供应商或及时下单锁定价格，这有助于企业避免采购成本上涨，以更有竞争力的价格获得所需物料，从而获得成本优势。

（3）策略原理（见图1-1-10）

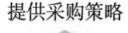

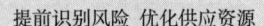

图1-1-10 商情管理策略原理

从原理图中，我们可以看到商情管理所需收集的信息包括供应市场行情、法律法规信息、关税信息、汇率波动、主要潜在供应商信息、主要竞争对手信息、主要合格供应商信息，以便提前识别风险和优化供应资源。

（4）适用场景

①当采购市场价格波动的大宗物料时，商情管理可以帮助企业掌握供应市场动态，选择合适的时点进行购买，以降低采购成本。

②当供应链较为复杂时，商情管理可以帮助企业了解供应商的生产能力、交货能力和质量水平等信息，以确保供应链的稳定性和质量保障。

③当市场竞争激烈时，商情管理可以帮助企业了解竞争对手的采购策略、采购价格和供应商等信息，制定合理的采购计划和价格策略，以提高企业市场竞争力。

因此，采购人员要学会使用商情管理策略，为企业规避供应风险、降本增效。

11. 商情采购

（1）策略定义

商情采购是指企业基于供应市场信息，结合商情周期、资金情况、库容情况和物料有效期等因素，决策物料购买时点和购买数量的采购策略，以便规避物料涨价或断供的风险，实现额外的财务收益。

（2）应用案例

一家化工企业之前按物料需求计划购买化工原料，导致化工原料的采购价格随行就市，在同行业间缺少成本竞争力。之后该化工企业基于市场行情对十余种化工原料进行商情采购决策，每月召开商情采购决策会议，决策的原则是在行情价格低点超量购买，在行情价格高点按最小需求量购买，甚至将在行情价格低点超量购买的部分库存在行情价格高点销售盈利。

执行商情采购策略的结果是，虽然有20%的决策会误判行情时点给企业带来一些财务损失，但是80%的决策会给企业带来财务收益，足以弥补误判造成的损失，在同行业间获得成本竞争力，为企业创造更多盈利空间。

（3）策略原理（见图1-1-11）

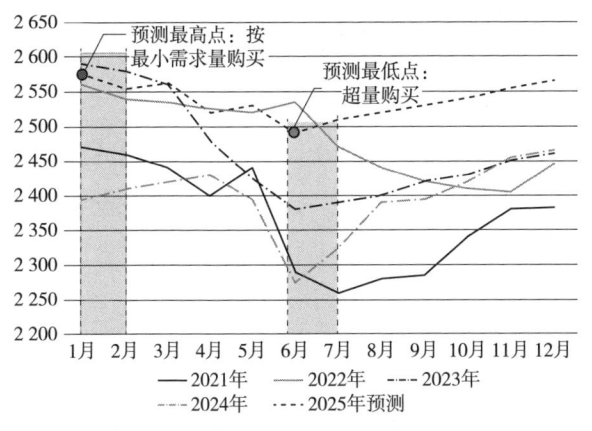

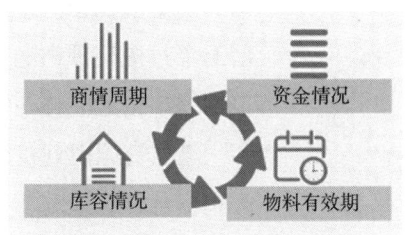

图 1-1-11　商情采购策略原理

从原理图中，我们可以看到商情采购的原理在于在预测行情低点超量购买，在预测行情高点按最小需求量购买，从而为企业节约采购成本，在市场上获得成本优势。

（4）适用场景

①对于价格频繁波动的大宗物料，通过商情采购，企业可以跑赢供应市场，获得更具竞争力的采购价格。

②对于供需关系变动频繁的供应市场，通过商情采购，企业可以在供需变动前储备足量的物料，满足供应需要。

因此，采购人员要善于对商情物料做出决策，在商情低点主动超量购买，为企业降本增效。

12. 建立资源规划机制

（1）策略定义

建立资源规划机制是指建立提前评估商情采购所需的资金和库容的机制，以便指导财务部门和仓储部门提前准备资源。

（2）应用案例

一家企业常常因为资金或库容不足而无法有效地进行大宗物资的超量商情采购。当大宗物料行情大幅上涨时，为了避免损失，企业只能停产，导致客户频繁投诉。然而，通过建立资源规划机制，该企业要求采购部门提前三个月提交商情采购资金计划，以便提前准备资金，同时提前三个月提交预估购买量，以便提前规划库容并寻找备用仓库。这些举措使得该企业能够在行情低点时执行超量采购策略。

建立资源规划机制之后，该企业的停产率大大降低，客户的满意度大幅提升，有效地增加了企业的市场竞争力。这一机制使企业能够更好地应对市场波动，确保供应链的稳定性和灵活性，从而提高企业的运营效率和业务表现。

（3）策略原理（见图1-1-12）

从原理图中，我们可以看到资源规划机制的主要对象是商情采购对应的资金计划和库容计划，以便解决商情采购执行时的资源不足问题。

（4）适用场景

①当企业资金有限时，建立资源规划机制可以提前准备商情购买所

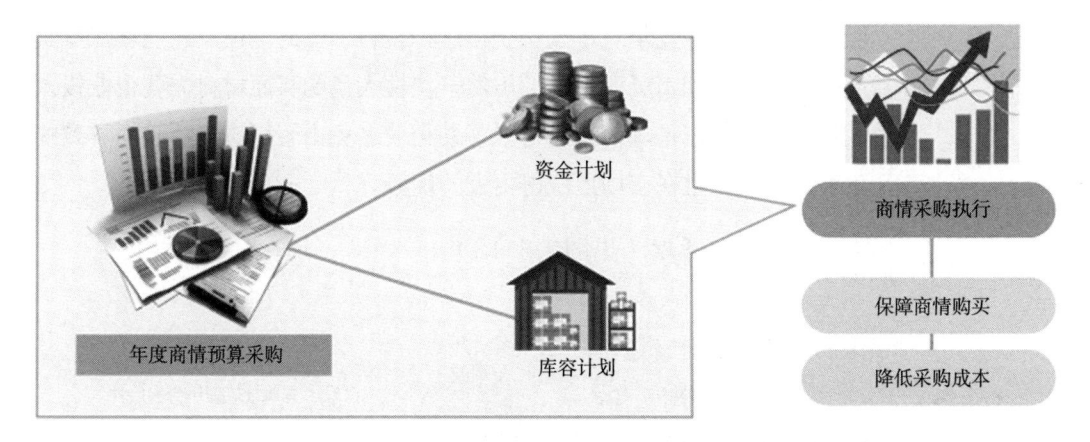

图 1-1-12　建立资源规划机制策略原理

需的资金。

②当企业库容有限时，建立资源规划机制可以提前规划库容并按需扩充。

因此，采购人员应提前评估商情采购所需的资金和库容，指导相关部门提前准备，使商情采购策略得以执行，为企业降本增效。

13. 独立需求管理

（1）策略定义

独立需求管理是指对由外部客户或供应市场需求产生的与企业内部的生产或运营需求无关的需求进行管理的采购策略。

（2）应用案例

一家食品加工企业使用一种特殊的天然香料作为其产品的主要成分。然而，由于天气和其他因素的影响，该香料的产量正在逐渐减少，并且预计将在未来几个月内完全退出市场。为了保障生产和产品质量，该企业决定一次性大量购买这种即将退市的香料。企业与供应商进行了谈判，并且达成了一份协议，企业将以优惠的价格购买供应商的所有库存。

通过一次性大量购买这种即将退市的香料，该企业获得了足够的原材料，以满足未来几个月的生产需求。此外，由于企业购买了供应商的所有库存，其他竞争对手无法获得这种香料，因此该企业还能够保持其产品的独特性和市场竞争力。虽然一次性大量购买原材料需要企业投入大量的资金，但是这种策略可以帮助企业避免由于原材料短缺而导致的生产停滞，并且在市场上获得更大的优势。

（3）策略原理（见图 1-1-13）

图 1-1-13　独立需求管理策略原理

从原理图中，我们可以看到独立需求包括基于商情购买的需求、未来难以获取的资源的需求、提前备料的需求、快要退出市场或终止合作的需求以及有质量瑕疵的需求。对这些需求进行有效管理，可以为企业创造额外价值。

（4）适用场景

①对于未来难以获取的资源，如有技术壁垒且产能有限的零部件，企业可以签署独家供应协议，买断供应商的产能，建立同行业竞争护城河。

②基于宏观供应市场的供需关系、国家相关法规政策以及供应商的反馈，企业预判到未来的供应风险，提前备货防止断供。

③某些物料快要退出市场或者某些供应商快要终止合作时，企业需要时间进行产品变更或切换到新的供应商，此时企业要根据所需时间段内的物料需求量提前囤货。

④有些物料有质量瑕疵，不能用于常规生产，但是可以用于质量要求较低的售后件或者作为售后件的零部件使用。

⑤用于低价囤货或投机的商情采购。

总之，采购人员要善于识别和管理独立需求，通过管理独立需求为企业降本增效。

14. 采购早期介入

（1）策略定义

采购早期介入是指采购部门在项目启动之初就开始参与，与项目管理团队和其他相关部门密切合作，共同制定采购策略和计划。这种策略和计划可以确保采购在项目中的重要性得到充分认识，并帮助采购团队更好地满足项目需求。

（2）应用案例

一个典型的案例是通用电气公司（GE）的一个项目。在该项目中，GE 的研发团队正在开发一款新型的燃气轮机。

GE 的采购团队早期介入该项目，并注意到燃气轮机的一个关键部件——涡轮叶片的成本非常高。采购团队与研发团队合作，提供了一些降低涡轮叶片成本的建议，包括采用新的材料、优化生产流程等。

通过采购团队的努力，GE 成功地降低了涡轮叶片的成本，同时还提高了产品的性能和可靠性。这种采购早期介入的合作模式为 GE 带来了多方面的收益，包括降低成本、提高产品性能和可靠性，同时也为采购团队和研发团队带来了更紧密的合作关系和商业利益。

（3）策略原理（见图 1-1-14）

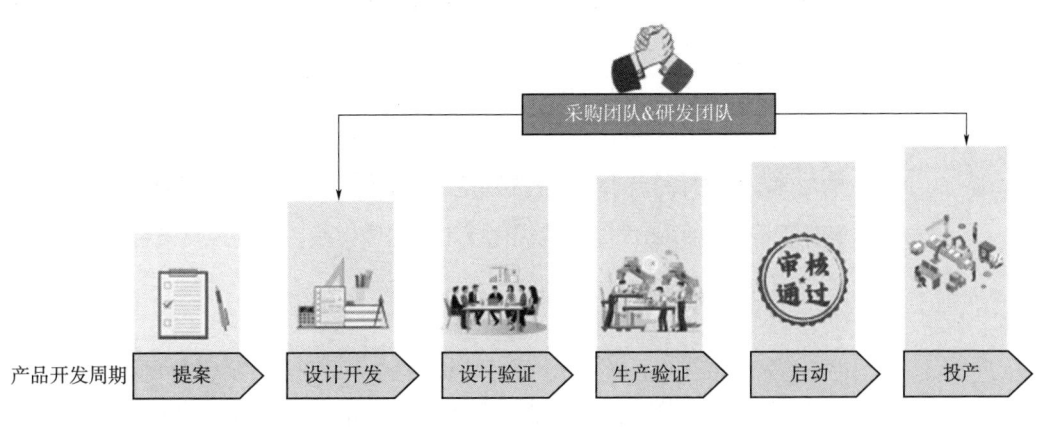

图 1-1-14 采购早期介入策略原理

从原理图中，我们可以看到采购早期介入是采购团队在设计开发、设计验证、生产验证、启动、投产等环节的早期参与，从而提前准备供应资源，控制采购成本，引入技术创新并规避供应风险。

（4）适用场景

在需求不确定性高或者复杂的项目中，采购早期介入可以帮助采购团队更好地了解项目需求和变化，及时调整采购策略和计划。

因此，采购人员应该积极识别早期介入的需求，通过采购早期介入为企业降本增效。

15. 替代模型

（1）策略定义

替代模型是指一种基于供应商替代品信息的分析模型，可以帮助企业在采购过程中寻找替代品，以降低采购成本，提高采购效率和供应链的稳定性。

（2）应用案例

一家饲料企业的原料可以使用杂饼或豆粕，这两种原料都能提供高质量的植物蛋白质，而且它们可以相互替代使用。

企业观察到杂饼的价格在每年的12月份最低，而豆粕的价格在10月份最低。基于这一观察，企业决定在10月份采购豆粕来替代杂饼，以获取更低的成本。而在12月份，企业则采购杂饼来替代豆粕，以保障成本的竞争力。通过这种策略，企业能够始终保持饲料价格在市场上的最优水平，并且确保供应充足。

这种替代策略的运用，使得企业能够灵活应对市场价格波动，降低采购成本，同时保持饲料供应的稳定性。通过及时的市场观察和合理的采购决策，企业能够最大限度地优化成本和保障供应，提高经营效益和竞争力。

（3）策略原理（见图1-1-15）

从原理图中，我们可以看到替代模型的原理是组合不同替代品的数量、价格并考虑供应稳定性，为企业获得最低成本和稳定供应。

替代模型				
数量	a	b	c	d
价格	x	y	z	w
成本=$ax+by+cz+dw$				

图 1-1-15　替代模型策略原理

注：在不影响产品性能的情况下，根据采购价格、供应链稳定性、采购周期、采购量等因素，进行替代。

（4）适用场景

①当采购成本较高时，替代模型可以帮助企业寻找替代品，以降低采购成本。

②当供应链不稳定时，替代模型可以帮助企业寻找可替代的供应商和替代品，以确保供应链的稳定性。

③当采购周期较长时，替代模型可以帮助企业在采购过程中及时寻找替代品，以避免采购周期延误和成本增加。

因此，采购人员应该为主要产品和物料建立并维护替代模型，定期关注供应市场变动情况，动态调整替代品的价格和数量，帮助企业获得最有竞争力的成本和最稳定的供应。

16. 统筹化管理

（1）策略定义

统筹化管理是指将企业内部各个部门的同一品类采购需求进行统一管理的采购策略，旨在实现同一品类采购资源的整合、管理的标准化和效率的提高，从而降低企业的采购成本，提高采购管理水平。

（2）应用案例

一家企业之前由13个不同部门分别申请采购不同品牌和颜色的签字笔，导致采购效率低下且成本较高。现在，该企业通过行政部门收集各部门的签字笔需求，实现了统筹管理和统一申购，极大地减少了签字笔的种类和采购频次，同时也增加了每次申购的数量。这一策略的实施使得企业实现了30%的流程提效和4%的签字笔降本。

（3）策略原理（见图1-1-16）

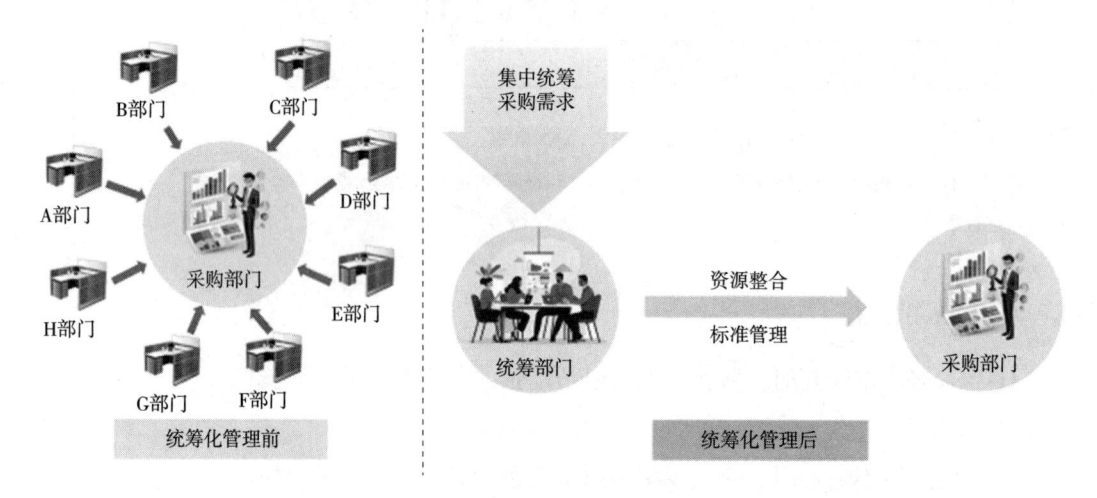

图1-1-16 统筹化管理策略原理

从原理图中，我们可以看到统筹化管理的原理是确定统筹部门，由统筹部门归口管理各部门同一品类的需求，从而统一采购时间，增加采购批量，减少采购批次，减少库存量单位（stock keeping unit，SKU），达到降本增效的目的。

（4）适用场景

①当企业规模较大，采购需求分散在不同部门时，统筹化管理可以将采购需求整合起来，提高采购效率和管理水平。

②当企业内部存在同一品类的采购需求重复采购、浪费采购资源等问题时，统筹化管理可以避免这些问题的发生，降低采购成本。

因此，采购人员应该主动识别需要统筹化管理的品类，推动企业明确统筹管理部门，为企业降本增效。

17. 按补货点购买

（1）策略定义

按补货点购买是一种库存管理策略，是指企业按照事先设定的库存补货点来采购物资，以保持库存水平在设定的范围内。具体来说，当库存量低于设定的补货点时，企业会按照事先设定的采购量来进行补货，以达到维持库存水平的目的。

（2）应用案例

一家企业定制弹簧的起订量为200个，年耗用量为6 000个（月耗用量为500个），采购交期为一个月。由于几乎每天都有不同的需求部门下发几十个弹簧的采购申请，采购员不得不频繁下发采购订单，产生大量事务性的采购工作。为了提高采购效率，该企业决定采用按补货点购买的策略。

具体而言，该企业设定补货点为1 000个，补货量为2 000个。一旦库存数量低于1 000个，系统将自动生成采购申请，采购员立即下发包含2 000个弹簧的采购订单给供应商。供应商在接单后一个月交付2 000个弹簧。此时，库存数量应为（1 000-500）+2 000，即2 500个。这意味着大约每两三个月补货一次，极大地提升了采购效率，降低了仓库收货频次。

此外，需求部门也不再需要频繁下发采购申请，只需按需到仓库领用弹簧即可，给需求部门带来了极大的便利。通过按补货点购买的策略，企业实现了采购流程的优化和效率的提升，同时减轻了需求部门的操作负担。

（3）策略原理（见图1-1-17）

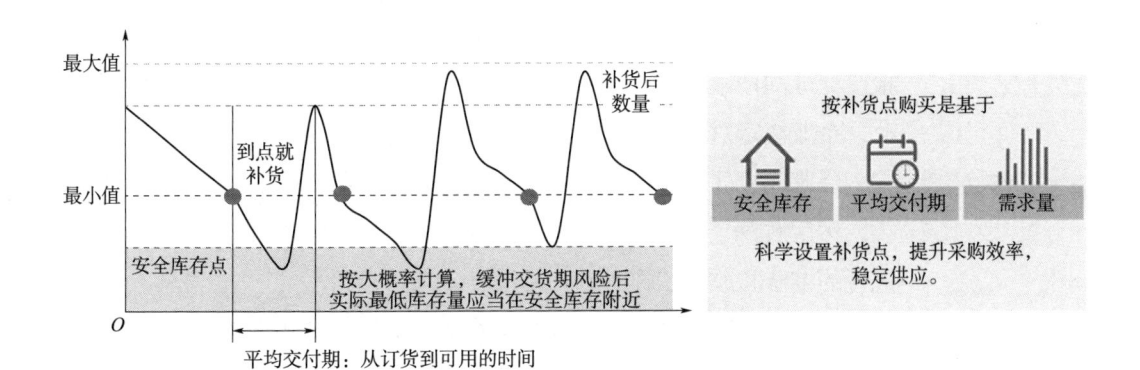

图1-1-17　按补货点购买策略原理

从原理图中，我们可以看到按补货点购买的原理是基于安全库存、平均交付期和需求量综合设置补货点，在物资的实际库存量低于补货点时按照规定的数量进行补货，从而保证物资的库存水平受控，需求得到及时满足。

（4）适用场景

①物资耗用量比较稳定，不容易出现销售量大幅波动的情况。

②物资的供应链比较稳定，供应商的供货时间和能力比较可靠。

③物资的体积比较小，不会过多占用库位，影响仓库的使用。

因此，采购人员应该主动识别需要按补货点购买的物资，与需求部门和仓管部门一起科学设置补货点和补货量，提升采购效率，稳定供应。

18. 废旧固定资产再利用

（1）策略定义

废旧固定资产再利用是指企业对废弃或报废的固定资产进行再利用或再开发的采购策略。

这些废旧固定资产可能是设备、机器、车辆、建筑物等，通过对其进行再利用，可以降低企业的成本、提高资源利用率和环保效益，同时也可以为企业带来新的商机和利润。

（2）应用案例

一家制造企业在更新设备时，发现一些旧设备已经达到了需要进行报废处理的期限。然而，有人认为这些设备还有一定的再利用价值，因此，企业决定对这些废旧固定资产进行评估和再利用。

企业成立了一个专门的团队。团队首先对这些资产进行清点和分类，然后对每个资产进行评估，确定其再利用价值和可行性，以及需要进行的维修和改造工作。

团队根据评估结果，决定对一些资产进行改造和维修，以满足企业的生产需求。例如，一些旧设备可以进行改造和升级，以提高其生产效率和质量。另外，一些设备可以进行拆卸和组合，以满足新的生产需求。

通过废旧固定资产的再利用，企业成功地降低了新设备的采购成本，提高了生产效率和质量，为企业增加了社会效益，并带来了可观的经济效益。此外，企业还通过再利用废旧固定资产，减少了对环境的影响，实现了可持续发展的目标。

（3）策略原理（见图1-1-18）

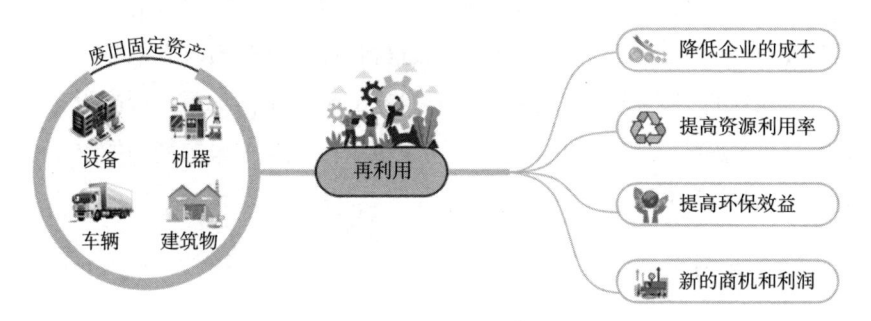

图1-1-18　废旧固定资产再利用策略原理

从原理图中，我们可以看到废旧固定资产的分类和再利用的价值。这些价值主要包括降低企业的成本，提高资源利用率，提高环保效益和新的商机和利润。

（4）适用场景

①随着技术的不断发展，企业的设备可能会变得陈旧，无法满足生产和业务需求。此时，企业可以考虑对废旧设备进行再利用，以满足新的需求。

②市场需求的变化可能会导致企业原有的固定资产无法适应市场需求。此时，企业可以考虑对废旧固定资产进行改造或再利用，以适应市场需求。

③废旧固定资产中可能包含有价值的资源和材料，例如金属、塑料等，可以通过回收再利用，实现资源的最大化利用。

④废旧固定资产的处理需要符合环保要求，企业可以通过再利用的方式，达到环保的要求，减少对环境的影响。

⑤废旧固定资产的再利用可以节约企业的成本，例如废旧建筑物改造后可以成为新的办公场所，节约租金等成本。

总之，采购人员应该评估废旧固定资产的利用价值，推动再利用，为企业降本增效。

19. 设备维修与保养外包

（1）策略定义

设备维修与保养（以下简称维保）外包是指企业将自身的设备维保工作委托给专业的第三方服务提供商进行管理和维护的采购策略。

设备维保外包的目的是减轻企业自身的维保工作负担，提高设备的可靠性和稳定性，降低维修成本，同时也可以让企业集中精力发展核心业务，提高竞争力。

（2）应用案例

一家制造企业在设备维保方面存在一些问题，如人员流动性大、技术水平参差不齐、维保成本高等。为了解决这些问题，企业决定将设备维保外包给专业的第三方服务商。

企业与多家设备维保服务商进行了比较和评估，最终选择了一家具有丰富经验和技术实力的服务商。企业与服务商签订了长期合作协议，明确了服务内容、服务标准、服务费用等方面的细节。

服务商为企业提供了全方位的设备维保服务，包括设备故障排除、预防性维护、定期检查等。服务商还为企业制订了设备维保计划和维保报告，以便企业及时了解设备维保情况和维保效果。

通过将设备维保外包给专业的服务商，企业成功地解决了设备维保方面的问题，提高了设备的可靠性和稳定性，降低了维保成本和风险。此外，企业还通过外包服务，获得了更多的专业知识和技术支持，提高了企业的竞争力和市场地位。

（3）策略原理（见图1-1-19）

从原理图中，我们可以看到设备维保外包能为企业创造的价值，包括减轻企业自身的维保工作负担，提高设备的可靠性和稳定性，降低维修成本和让企业集中精力发展核心业务，提高竞争力。

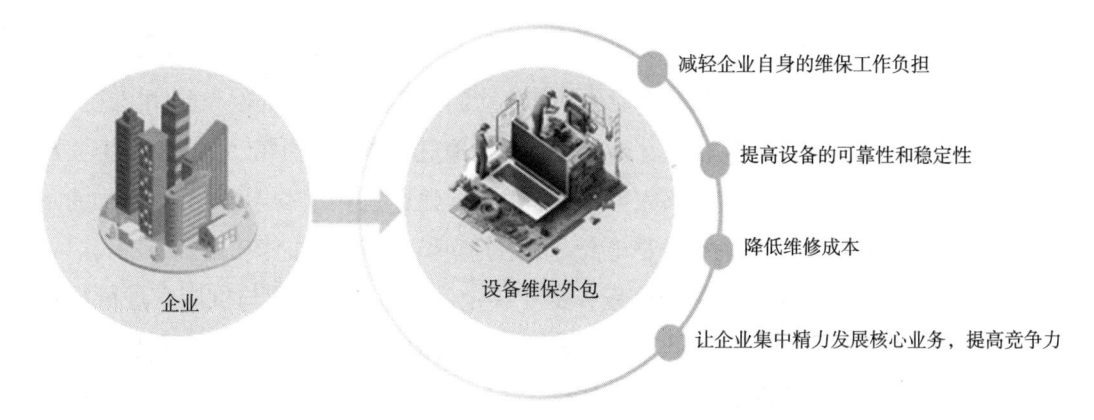

图 1-1-19　设备维保外包策略原理

（4）适用场景

①当企业拥有大量设备时，内部维保人员可能无法及时、高效地完成维保工作，此时可以考虑将部分设备维保工作委托给第三方服务提供商。

②某些设备的维保需要专业知识和技能，而企业内部维保人员可能缺乏相关经验和技术，此时可以考虑将这些设备的维保工作外包给专业的服务提供商。

③设备维保需要投入大量的人力、物力和财力，企业可能无法承担这些成本，此时可以考虑将部分设备的维保工作外包给第三方服务提供商，以降低成本。

④设备维保可能存在一定的风险，如设备故障、安全问题等，企业需要采取措施降低这些风险。此时可以考虑将设备维保工作委托给专业的服务提供商，以降低风险。

因此，采购人员应该评估设备维保外包的可行性和带来的价值，为企业降本增效。

20. 优化包装

（1）策略定义

优化包装是指企业针对外购物资，对其包装进行合理化设计和管理，以提高物资的包装质量和降低包装成本，同时满足物资运输和使用需求的采购策略。

（2）应用案例

一家机械制造企业从外部供应商购买了大量零部件和配件，这些外购件需要进行包装，以确保其在运输过程中不受损坏。然而，该企业发现，由于包装不够完善，外购件在运输过程中经常出现损坏和磨损的问题，这导致企业需要花费大量的时间和成本进行维修和更换。

为了解决这个问题，企业决定优化包装。企业与供应商进行了沟通，并且共同设计了一种更加完善和耐用的包装方案。新的包装方案采用了更加坚固和耐用的材料，并且增加了内部支撑和缓冲材料，以保护外购件在运输过程中不受损坏。

通过优化包装，企业成功地解决了外购件损坏和磨损的问题。虽然包装费用有所增加，但是减少了维修和更换的成本，实现了总成本的降低。

（3）策略原理（见图1-1-20）

优化包装前	物资种类繁多	需要长途运输	易损易碎	包装成本较高	包装效率低下	一次性包装
优化包装后	降低包装成本	提高物资质量	提高采购效率	降低运输成本	保护环境	

图1-1-20　优化包装策略原理

从原理图中，我们可以看到优化包装的多种场景和收益。这些收益主要包括降低包装成本、提高物资质量、提高采购效率、降低运输成本和保护环境。

（4）适用场景

①对于物资种类繁多的企业，如超市、商场等，采购的物资种类较多，包装方式和包装材料也各不相同。对包装进行统一化和标准化管理可以提高包装效率，降低包装成本。

②对于需要长途运输的物资，如进口商品、跨国货物等，使用耐用、抗冲击、防水的包装材料可以提升物资的安全性；实施智能跟踪系统，监控货物运输并应对可能出现的中断情况，可以保证物资的质量和安全性。

③对于易损易碎的物资，如玻璃制品、陶瓷制品等，使用适当的包装材料，如泡沫、气泡膜或专用插件，可以吸收冲击和振动。对包装进行测试，可以确保其承受预期的装卸和运输条件。

④对于包装成本较高的物资，如化妆品、奢侈品等，优化包装设计，在不影响产品展示和客户体验的前提下，可以降低包装成本。

⑤对于包装效率低下的物资，如大件物品、重型物品等，优化包装可以提高搬运效率；使用模块化或可调整的包装解决方案，可以适应不同的产品尺寸和形状；利用自动包装系统等技术可以提高包装效率。

⑥对于使用一次性包装的物资，比较可循环使用的包装的经济性，可以降低包装采购成本，节约包装材料，保护环境。

总之，采购人员要关注物资包装的合理性，寻找优化点，为企业降本增效。

第二章　寻源管理

如何选择最合适的供应商保障供应，是寻源管理需要解决的关键问题。因此，我们需要思考最佳的寻源渠道和保障供应的策略。

在本章中，将介绍9个能够降低成本或提高效率的寻源管理策略，见表1-2-1，以帮助企业在寻源管理方面取得更好的结果。

表1-2-1　9个降本增效的寻源管理策略

寻源管理				
1. 全球采购	2. 低成本国家采购	3. 最佳采购地域	4. 扶持近地供应商	5. 承诺商机
6. "1+N"策略	7. 提前下单	8. 单一源管控	9. 制定供应风险管理预案	

1. 全球采购

（1）策略定义

全球采购是指企业在全球范围内寻找、选择和购买产品和服务的采购策略。

（2）应用案例

一家汽车零部件制造商需要采购一种特殊的高强度钢材，以用于汽车底盘的生产。由于国内市场上没有符合要求的供应商，该企业决定进行全球采购，寻找国外的供应商。

经过市场调研和供应商评估，该企业最终选择了一家位于日本的钢材供应商。该供应商生产的钢材符合企业的技术要求，并且价格相对较低，质量稳定可靠。该企业与供应商签订了长期合作协议，并建立了稳定的供应关系。

通过全球采购，该企业成功降低了采购成本，提高了产品的质量和性能。

（3）策略原理（见图1-2-1）

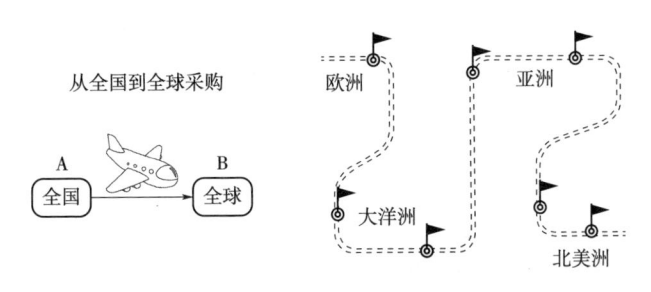

图1-2-1 全球采购策略原理

从原理图中，我们可以看到相比于区域采购，全球采购的寻源范围更加广阔，也带来了更多为企业降本增效的可能性。

（4）适用场景

①全球采购可以帮助企业在全球范围内寻找到价格更低、质量更好的产品和服务，从而降低采购成本，提高产品的质量和性能。

②全球采购可以帮助企业分散采购风险，避免单一供应商的风险，保证供应链的稳定性和可靠性。

③全球采购可以帮助企业拓展供应商网络，提高采购效率，缩短采购周期，加快产品的上市时间。

④全球采购可以帮助企业获得更好的技术和专利，提高产品的质量和性能，增强企业的市场竞争力。

总之，采购人员应该以全球的视角审视寻源范围，为企业发掘更多降本增效的机会。

2. 低成本国家采购

（1）策略定义

低成本国家采购是指企业通过在低成本国家采购产品和服务，以降低采购成本的采购策略。低成本国家通常指因人工成本低、资源丰富、税收优惠等因素使得该国家的产品和服务价格相对较低的国家。

（2）应用案例

鞋类与服装制造商的供应链涉及全球多个低成本国家，如中国、越南、印度等。通过在低成本国家采购原材料和制造服务，降低了产品成本，并且提高了产品质量和采购效率。

（3）策略原理（见图1-2-2）

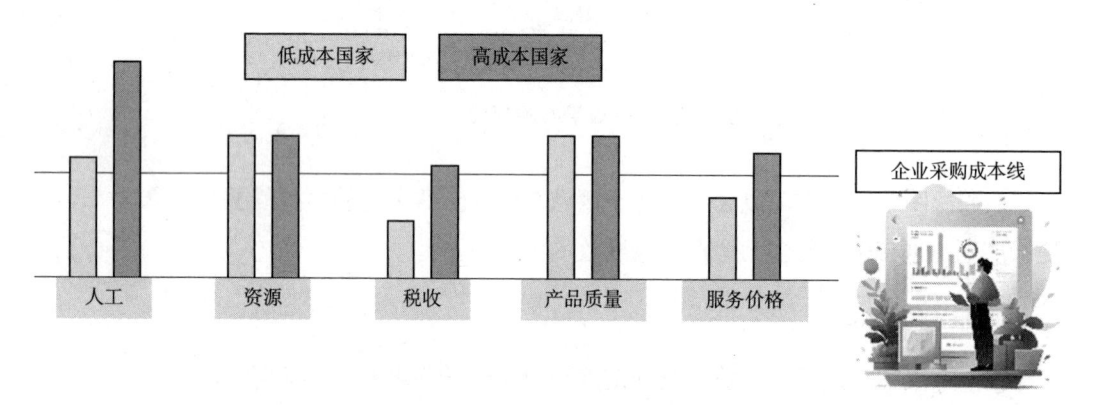

图 1-2-2 低成本国家采购策略原理

从原理图中，我们可以看到低成本国家与高成本国家的主要成本差异包括人工、资源、税收、质量、服务价格等方面。

（4）适用场景

①如果企业需要采购的产品或服务在本地市场上价格较高，而在低成本国家价格较低，那么采购成本高的问题可以通过低成本国家采购来解决。

②如果企业需要采购的产品或服务数量较大，那么在低成本国家采购可以获得更多的优惠和折扣，降低采购成本。

因此，采购人员应该主动考察低成本国家的供应市场，为企业发掘更多降本增效的机会。

3. 最佳采购地域

（1）策略定义

最佳采购地域是指企业根据自身业务需求和市场环境，通过评估各地区的采购成本、质量、交货时间、供应商稳定性、政治稳定性等因素，选择最适合企业采购的地区，以达到降低采购成本、提高采购效率和质量的目的。

（2）应用案例

一家鞋类品牌企业的总部位于广东省，主要生产和销售运动鞋、休闲鞋等产品。该企业拥有多个生产基地，但由于产能有限，需要从外部采购一部分原材料和辅助材料。

该企业通过以下步骤寻找最佳采购地域：

①确定采购品类。该企业首先确定需要采购的品类，包括鞋底、鞋垫、鞋带等原材料和辅助材料。

②确定采购量和质量标准。该企业根据销售需求和生产计划，确定了每种原材料和辅助材料的采购量和质量标准。

③调研供应商。该企业通过网络搜索、参加行业展会和询价等方式，找到了多个潜在的供应商。这些供应商分布在全国各地，包括江苏、浙江、广东等省份。

④评估供应商。该企业对每个供应商进行评估，包括考察工厂设备和生产能力、检查质量管理体系和生产流程等。同时，该企业还考虑了供应商的地理位置、物流成本和交货时间等因素。

⑤确定最佳采购地域。该企业最终选择了江苏省作为采购鞋底和鞋垫的最佳地域，因为江苏省拥有大量的鞋类原材料供应商和辅助材料供应商，同时物流成本相对较低，交货时间也较短。

通过寻找最佳采购地域，该企业成功地降低了采购成本、提高了采购效率，并且获得了更好的供应商支持。

（3）策略原理（见图1-2-3）

全国部分产业带现状分布-分布图

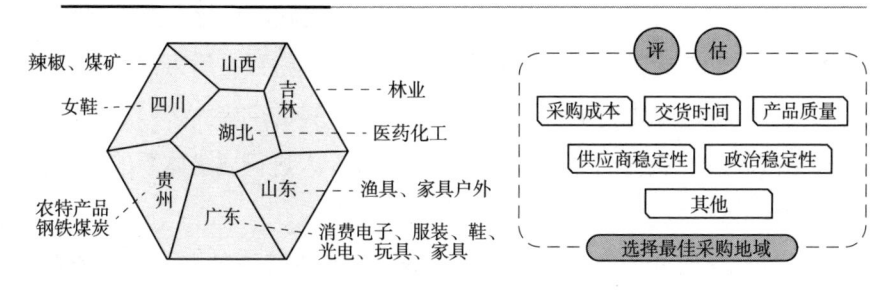

图1-2-3　最佳采购地域策略原理

很多品类都有最佳采购地域，从相应的地域中选择供应商可以为企业降本增效。

（4）适用场景

①企业需要降低采购成本，寻找低成本采购地区是一种有效的途径。通过评估不同地区的采购成本，企业可以选择最适合自己的采购地区，从而实现降低采购成本的目的。

②企业需要在保证采购质量的前提下，提高采购效率。通过评估不同地区的供应商稳定性、交货时间等因素，企业可以选择最适合自己的采购地区，从而提高采购效率和质量。

③企业需要拓展采购市场，寻找新的采购地区是一种有效的途径。通过评估不同地区的政治稳定性、文化差异等因素，企业可以选择最适合自己的采购地区，从而开拓新的采购市场。

因此，采购人员要主动调研品类的最佳采购地域，从中寻找合适的供应商，为企业降本增效。

4. 扶持近地供应商

（1）策略定义

扶持近地供应商是指企业在采购过程中，优先选择和支持地理位置相近的供应商，以实现更高效、更灵活、更可持续的供应链管理。近地供应商通常是指与企业位于同一地区或附近地区的供应商。

（2）应用案例

一家车灯制造企业需要采购一款铝镁合金压铸的反光碗。该反光碗的尺寸精度要求误差不大于 0.01 毫米，在当地做汽车行业的铝合金压铸类的供应商都无法达到精度要求，只能从日本进口。后来该企业的采购人员在当地的笔电行业找到了适合做精密压铸的供应商，但是供应商没有给汽车行业供货的经验，需要企业安排专人进行质量体系的辅导和质量管理的磨合。

经过一段时间的专项扶持，最终该产品在供应商处顺利实现量产，帮助这家车灯制造企业实现 50% 的单价降低。

（3）策略原理（见图1-2-4）

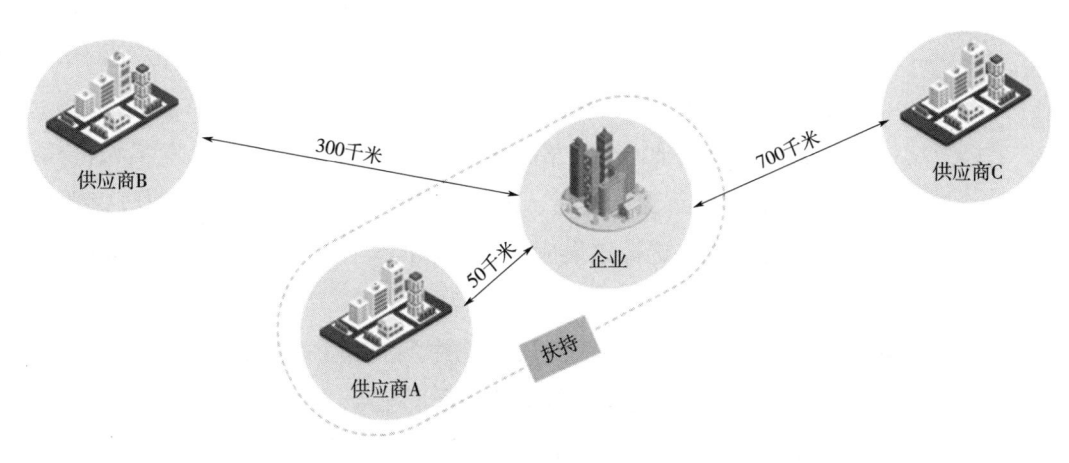

图 1-2-4　扶持近地供应商策略原理

从原理图中，我们可以看到扶持近地供应商的要点在于距离。对距离近的供应商加以扶持，往往可以为企业获得最大的降本增效。

（4）适用场景

①当企业所在地区的供应商资源丰富，且供应商的质量、价格和交货周期等方面符合企业的需求时，可以考虑扶持近地供应商。

②当企业的产品生命周期较短，需要及时调整供应链以满足市场需求时，可以考虑扶持近地供应商，以提高供应链的响应速度和灵活性。

③当地方政策支持本地企业和供应商的发展，以促进地方经济发展时，可以考虑扶持本地供应商，以获得政策支持和税收优惠。

总之，采购人员要善于发现有潜力的近地供应商并加以扶持，为企业获得最优的成本和效率。

5. 承诺商机

（1）策略定义

承诺商机是指企业与潜在供应商或合作供应商的交流中，向供应商承诺企业有意愿购买或继续购买供应商所提供的产品或服务的采购策略。通常是在谈判、洽谈、询价或招标等过程中发生。

（2）应用案例

一家医疗器械企业需要开发一种新型医疗器械，但由于技术和资金等方面的限制，无法独立完成。为了解决这个问题，该企业决定向供应商承诺商机，与供应商共同开发新型医疗器械。

首先，该企业与供应商进行了沟通，商讨了合作的方案和目标，并达成了一致意见。随后，该企业向供应商承诺，在新型医疗器械开发成功后，将选择该供应商作为合作伙伴，提供更多的订单和合作机会。

其次，该企业与供应商共同开展了新型医疗器械的研发工作。在研发过程中，该企业提供技术支持和资金支持，供应商提供生产和加工技术支持，双方共同努力，最终成功地开发出了新型医疗器械。

在新型医疗器械开发成功后，该企业兑现了向供应商的承诺，选择该供应商作为合作伙伴，提供了更多的订单和合作机会。同时，该企业还与供应商签订了长期合作协议，进一步加强了双方的合作关系。

通过向供应商承诺商机，该企业成功地实现了新型医疗器械的研发和推广，同时也促进了与供应商的合作和发展。这个案例表明，向供应商承诺商机可以在促进合作、推动创新等方面发挥重要作用，是一种值得推广的采购策略。

（3）策略原理（见图1-2-5）

谈判　洽谈　询价　招标

企业：
- 建立长期稳定的合作关系
- 获得更好的价格和服务条件
- 获得更好的定制服务和技术支持
- 获得更好的产品质量和服务质量

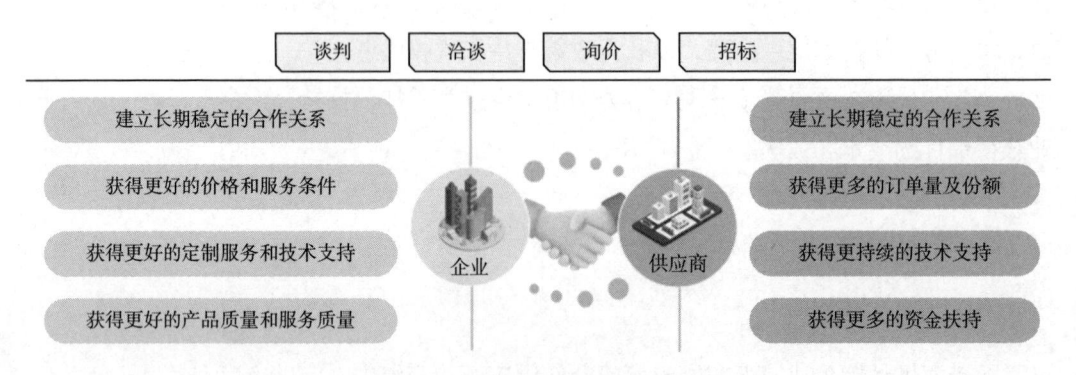

供应商：
- 建立长期稳定的合作关系
- 获得更多的订单量及份额
- 获得更持续的技术支持
- 获得更多的资金扶持

图1-2-5　承诺商机策略原理

从原理图中，我们可以看到承诺商机给甲乙双方带来的诸多好处。

（4）适用场景

①当企业需要长期稳定的供应商来满足其生产和业务需求时，可以向供应商承诺商机，表明企业有意愿与供应商建立长期合作关系，并购买其产品或服务。

②当企业需要大量采购某种产品或服务时，可以向供应商承诺商机，以获得更好的价格和服务条件。

③当企业需要定制的产品或服务时，可以向供应商承诺商机，以获得更好的定制服务和技术支持。

需要注意的是，向供应商承诺商机时，企业应该保持诚信和透明，不应该虚假宣传或误导供应商，否则会对企业的声誉和信誉造成损害，并影响企业与供应商之间的合作关系。

因此，采购人员应该在诚信的前提下向合适的供应商承诺商机，稳定合作关系，为企业获得更好的价格和服务。

6."1+N"策略

（1）策略定义

"1+N"是一种常见的采购策略，其中"1"代表主要供应商，而"N"代表其他次要供应商。

这种策略可以帮助企业降低采购成本，提高供应链的灵活性和适应性，同时保证供应链的稳定性和可靠性。在这种策略下，企业与主要供应商建立长期稳定的合作关系，同时与其他次要供应商建立短期的合作关系。

（2）应用案例

一家化工企业在供应链管理中采用了"1+N"的策略，主要供应商为一家大型化工原料制造商，同时与其他几家小型供应商建立了短期合作关系。

在主要供应商出现供应问题的情况下，该企业能够快速地调整订单配额，通过其他次要供应商的支持，保证生产计划的顺利进行，避免生产延误和供应链断裂的风险。

此外，该企业通过与多个供应商合作，获得了更优惠的采购价格和更高质量的产品和服务，提高了产品质量和创新能力，同时加强了供应商管理和风险控制。

（3）策略原理（见图1-2-6）

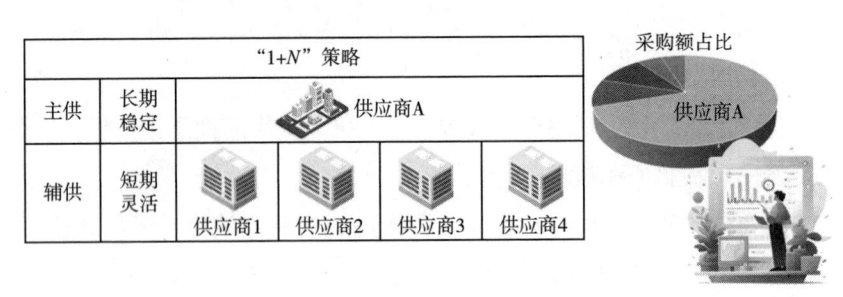

图 1-2-6 "1+N"策略原理

从原理图中，我们可以看到"1+N"策略的原理是将同一品类不同的供应商分为主供和辅供，共同保障供应的稳定性和价格的合理性。

（4）适用场景

①当企业需要保证供应链的稳定性和可靠性时，可以通过与主要供应商建立长期稳定的合作关系，同时通过与其他次要供应商建立短期的合作关系，应对主要供应商出现问题时的供应链风险。

②当供应商之间的竞争激烈时，可以通过与多个供应商合作来获得更优惠的采购价格和更高质量的产品和服务。

需要注意的是，"1+N"策略更适用于供应不稳定的情况，而不是适用于所有企业和所有供应链。对于稳定的供应链，企业可以采用单一源供应的策略最大限度地降低采购成本。

因此，对于存在供应风险的品类，采购人员应该采用"1+N"策略为企业降本增效。

7. 提前下单

（1）策略定义

提前下单是指在未来一段时间内提前向供应商下单，以获得更有竞争力的价格和优先供应的优惠条件的采购策略。

（2）应用案例

一家制造企业的生产计划比较稳定，需要大量的原材料进行生产。由于原材料价格波动较大，企业采用提前下单策略来降低采购成本。企业与供应商进行协商和谈判，确定了一年内所需的原材料数量和时间，并提前三个月下单。

通过提前下单，企业获得了更有竞争力的价格和优先供货的优惠条件，从而降低了采购成本，提高了生产效率和客户满意度。同时，企业还与供应商建立了更稳定的合作关系，提高了供应链的稳定性和可靠性。

（3）策略原理（见图1-2-7）

	1月	2月	3月	4月	5月	6月	7月	8月	9月	10月	11月	12月
采购需要1						原下单周期						
			提前下单周期									
采购需要2										原下单周期		
								提前下单周期				

图1-2-7　提前下单策略原理

从原理图中，我们可以看到提前下单的原理是将采购需求集中和前置，以便为企业获取更优价格和供应保障。

（4）适用场景

①如果企业所需的原材料或零部件价格波动较大，采用提前下单策略可以锁定更有竞争力的价格，避免价格上涨带来的成本压力。

②如果企业所需的原材料或零部件供应不稳定，采用提前下单策略可以提前锁定供应商的可用产能，避免缺货。

因此，采购人员应该识别提前下单策略的适用场景，通过提前下单为企业降本增效。

8. 单一源管控

（1）策略定义

单一源管控是指企业在采购过程中，一旦发现某一种物料或服务只有一家供应商可选，或者只想通过一家供应商来供应时，由企业相关授权高管或总经理检查采购需求，以及供应商选择的合理性，并进行审批的管控策略。其目的是减少人为指定供应商和利益输送的可能，以降低采购成本，为企业带来经济效益。

（2）应用案例

在总经理介入之前，一家快消品企业的需求制定部门经常会指定供应商，导致30%的产品只有单一供应来源，限制了采购的灵活性和多样性。但是，随着总经理的干预，需求制定部门承受压力，开始考虑更多供应商的选择。这种改变使得单一供应来源的比例降低到5%以内，企业实现了显著的成本降低和交付效率提升。

（3）策略原理（见图1-2-8）

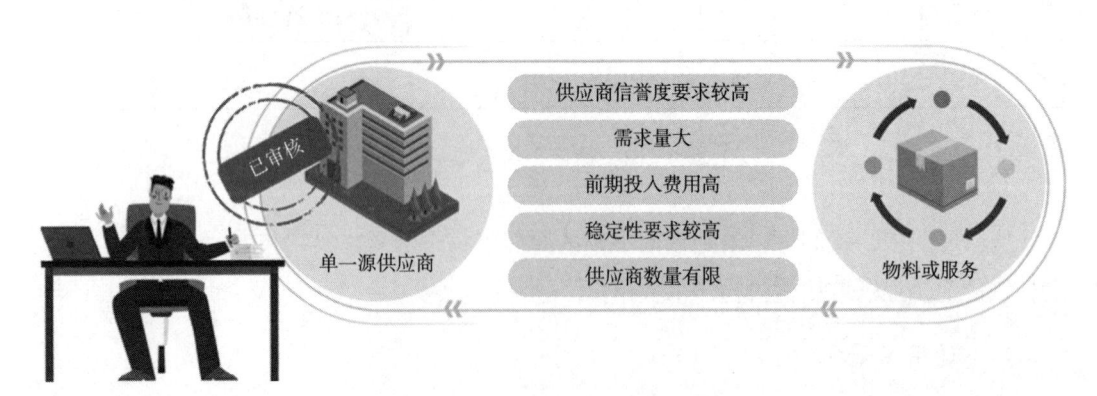

图1-2-8　单一源管控策略原理

从原理图中，我们可以看到，企业高层要对单一源进行严格的审批和管理，尤其针对供应商数量有限、供应商信誉度要求较高、需求量大、前期投入费用高、稳定性要求较高等情况。

（4）适用场景

①在特定的物料或服务中，可能只有一家供应商能够满足企业的需求。这可能是由于专利、技术或独家权益等因素所限制。通过相关授权高管或总经理进行审查和审批，可以确保企业获得高质量的物料或服务。

②企业与一家供应商建立了长期的合作关系，并且该供应商在过去的合作中表现出了良好的质量、可靠性和服务。这种情况下，通过单一源审查和审批，可以在确保维持稳定供应关系的同时，最大限度地降低采购价格。

③通过高层的审查和审批，可以减少人为指定供应商和利益输送的情况发生。这可以确保采购过程的公平性和透明度，避免不当的利益输送，降低企业的采购成本。

因此，采购人员对于单一源供应要进行识别，企业高层要严加管控，为企业获得更多降本增效。

9. 制定供应风险管理预案

（1）策略定义

制定供应风险管理预案是指企业在采购和供应链管理过程中，对可能出现的风险进行评估和分析，制定应对措施，以降低供应风险对企业的影响。

供应风险管理预案的制定需要考虑多种可能的风险，包括供应商倒闭、原材料短缺、交付延迟、质量问题等，以确保企业的供应链稳定和业务连续性。

（2）应用案例

一家企业从多个供应商采购原材料，其中一个主要供应商在近期因为一场火灾导致生产停滞，影响了企业的生产计划和交货期。为了应对这种供应风险，企业制定了一份供应风险管理预案，包括以下几个步骤：

①风险评估。企业对其主要供应商进行风险评估，包括了供应商的生产能力、质量管理、交货期、供应稳定性等方面的考虑。同时，企业

还对供应商所在地的自然环境和政策环境等因素进行考虑。

②风险监测。企业建立了风险监测机制，定期对供应商的风险进行跟踪和分析，及时发现和处理可能出现的风险。

③风险应对。企业针对不同的风险情况，制定相应的应对措施。例如，对于供应商生产停滞的情况，企业可以寻找备选供应商或者调整生产计划，以保证交货期。

④预案执行。企业需要定期对供应风险管理预案进行演练和调整，确保预案的有效性和可执行性。同时，企业还需要建立相关的风险管理制度和流程，明确各部门的职责和权责。

通过制定供应风险管理预案，企业可以有效地应对供应风险，保障生产和交货期的稳定性。

（3）策略原理（见图1-2-9）

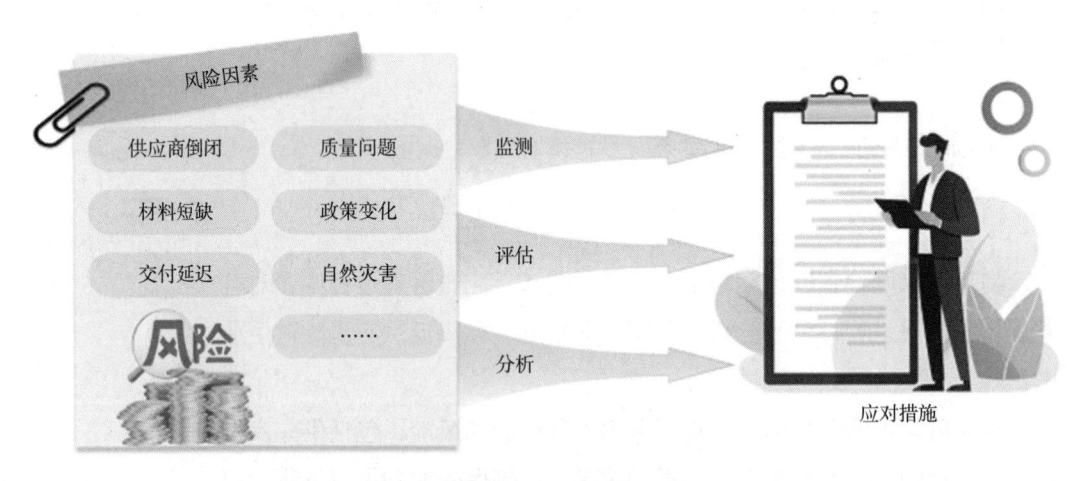

图1-2-9　制定供应风险管理预案策略原理

从原理图中，我们可以看到对于供应商倒闭、材料短缺、交付延迟、质量问题、政策变化和自然灾害等风险，采购人员应该进行监测、评估和分析，并制定应对措施，才能有效规避风险。

（4）适用场景

①企业对供应链风险高度关注，希望在供应链管理中加强风险管理。

②企业的生产和经营活动高度依赖供应链，一旦供应链出现问题会对企业造成严重影响。

③企业的供应链比较复杂，涉及多个地区、多个供应商，风险管理难度较大。

④企业的供应链中存在一些潜在的风险，如供应商的产能不足、质量不稳定、延迟交货等问题。

⑤企业需要更好地应对外部环境变化带来的风险，如政策变化、自然灾害等因素。

因此，采购人员应该制定供应风险管理预案，降低供应风险，为企业降本增效。

第三章 价格管理

如何获得合理的价格，如何有效地控制价格，以及如何降低价格，都是价格管理需要解决的问题。在这个过程中，我们需要思考分析价格的方法和管控价格的手段，同时帮助供应商持续降低成本。

在本章中，将介绍13个能够降低成本或提高效率的价格管理策略，见表1-3-1，以帮助企业在价格管理方面取得更好的结果。

表1-3-1　13个降本增效的价格管理策略

价格管理			
1. 目标定价	2. 控制物料价格	3. 锁定未来降本	4. 价差管理	5. 最低价分析
6. 成本分析	7. 总成本最优	8. 阶梯报价	9. 供应商返利	10. 销售折让
11. 学习曲线	12. 套期保值	13. 解释性竞价		

1. 目标定价

（1）策略定义

目标定价是指企业在采购过程中，根据项目的预算，盈利的目标，供应商的成本、市场价格水平等要素制定的采购价格，以便推动采购与供应商采取降本措施，确保目标价格达成。

（2）应用案例

一家消费品企业原先店铺装修的目标定价为1 350元/米^2，但是该企业在2024年面临较大的盈利压力，财务部要求将目标定价下调至1 200元/米^2。

接到任务后，该企业的采购人员联合店铺装修设计人员从装修主材的选择和价格竞争力入手，开始对一些主材进行更换，并通过询比价和谈判等商务手段促使主材供应商降价。随后，采购人员联合店铺装修设计人员从节约装修工时的角度审查需要制作特殊工装进行安装的环节，并对这些环节进行了优化设计。

通过这些努力，采购人员和店铺装修设计人员成功完成了1200元/米^{2}的目标定价，为企业每年节省了数千万元。

（3）策略原理（见图1-3-1）

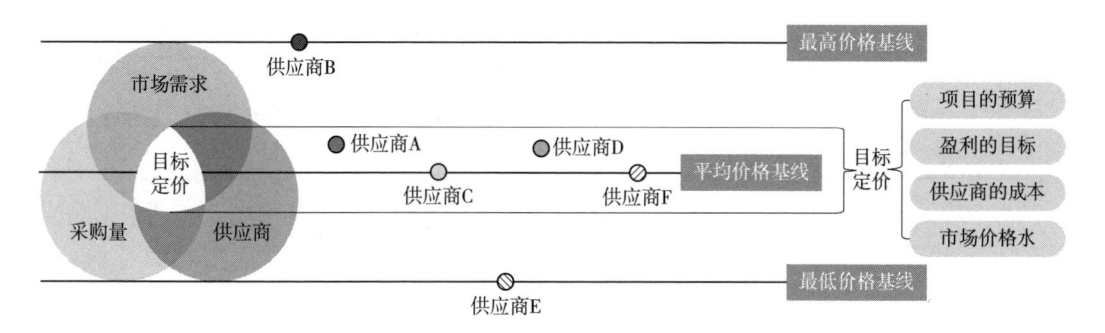

图 1-3-1　目标定价策略原理

从原理图中，我们可以看到目标定价的依据是采购预算、市场需求和供应商的成本。采购人员可以通过目标定价来管控采购价格。

（4）适用场景

①当企业需要大量采购某种物资或服务时，目标定价可以帮助企业在保证采购质量的前提下，以最优的采购价格获得所需物资或服务。

②当企业需要与供应商进行谈判时，目标定价可以作为谈判的基础，帮助企业和供应商达成合理的价格协议。

因此，在企业合理制定目标价格的前提下，采购人员应该以目标价格为导向合理管控采购价格，为企业降本增效。

2. 控制物料价格

（1）策略定义

控制物料价格是指企业通过采取一系列措施，对二级供应商提供的物料价格进行有效的控制和管理，以确保企业能够从一级供应商处获得合理的采购价格，从而降低采购成本。

（2）应用案例

一家电子制造企业在采购电子元器件时，发现其一级供应商的利润率已经很低，但二级供应商（向一级供应商提供物料的供应商）的物料价格占比却很高。为了控制二级供应商的价格，企业采取了以下措施：

①企业通过多渠道采购，比较不同二级供应商的价格和质量，以获得更加优惠的采购条件和价格。

②企业定期对二级供应商的价格和质量进行评估，并与二级供应商协商调整价格和合同条款，以确保二级供应商价格的稳定性和合理性。

通过以上措施，企业成功控制了二级供应商的价格，实现了采购成本的稳定和降低，为企业的经营效益做出了贡献。

（3）策略原理（见图1-3-2）

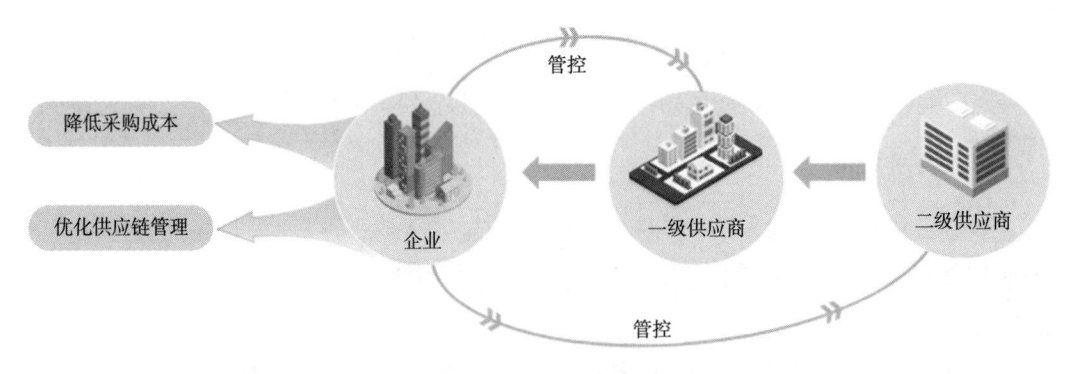

图1-3-2 控制物料价格策略原理

从原理图中，我们可以看到控制物料价格不仅是对一级供应商的价格控制，还包括对二级供应商的价格控制，以便为企业降本增效。

（4）适用场景

①当二级供应商的物料成本占企业采购总成本的比例较高，控制物料价格就有必要。

②当二级供应商的物料成本波动较大，控制物料价格就有必要。

因此，采购人员应主动了解重要品类的二级供应商的价格，通过管控二级供应商的价格为企业降本增效。

3. 锁定未来降本

（1）策略定义

锁定未来降本是指企业与供应商建立长期合作关系时，在双方合作协议中规定一系列措施，以实现未来的成本降低目标。

（2）应用案例

一家制造企业在采购某种原材料时，发现供应商的价格相对较高，但是该供应商的产品质量和交货期都非常稳定。为了用合同锁定供应商的未来降本，企业采取了以下措施：

①与供应商协商，要求其提供更加优惠的价格，并与供应商签署长期合同，以确保物料价格的稳定性和合理性。

②与供应商在合同中约定降价条款，即在一定条件下，供应商必须降低价格。例如，当原材料市场价格下跌时，供应商必须降低价格以保持合同价格的合理性。

③与供应商在合同中约定固定降幅，即在一定时间内，供应商必须降低一定比例的价格。例如，每年降低 5% 的价格。

通过以上措施，企业成功使用合同锁定了供应商的未来降本，实现了采购成本的稳定和降低，为企业的经营效益做出了贡献。

（3）策略原理（见图 1-3-3）

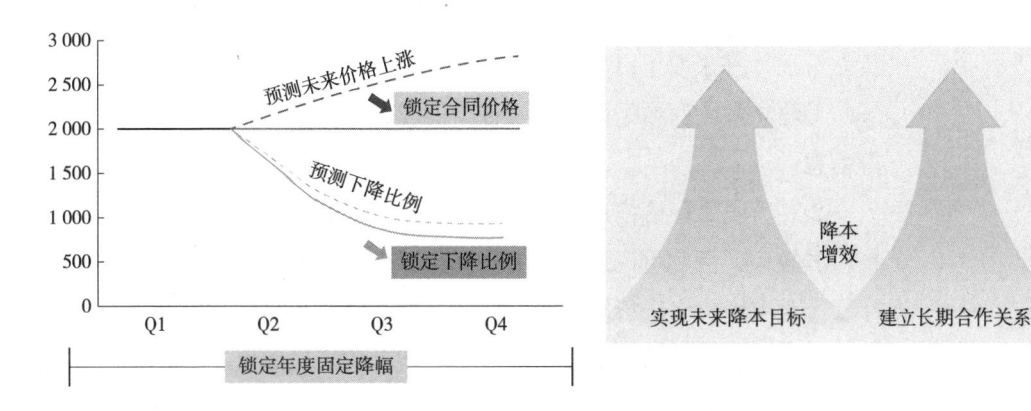

图 1-3-3　锁定未来降本策略原理

从原理图中，我们可以看到，当预测未来价格上涨时，采购人员可以锁定合同价格，使价格不变；当预测未来价格下跌时，采购人员可以通过合同锁定未来价格的下降比例，以实现未来的降本目标，并与供应商建立长期合作关系。

（4）适用场景

当企业承受持续的降本压力且供应商间竞争激烈时，可以使用锁定未来降本策略，实现未来的降本目标，提高企业的盈利能力和市场竞争力。

因此，采购人员应该在供应商间充分竞争的情况下，应用锁定未来降本策略，为企业持续降本增效。

4. 价差管理

（1）策略定义

价差管理是指企业在采购过程中，通过对比不同供应商的价格差异，比较历史价格和市场价格，对采购价格进行管理和控制的采购策略。目的是确保企业在采购过程中获得最优惠的价格，从而降低采购成本，提高采购效益。

（2）应用案例

一家制造企业需要采购大量的原材料，这些原材料的价格波动较大，采购成本占企业总成本的比例较大。该企业为降低采购成本采用了价差管理，并采取了以下措施：

①建立供应商数据库，记录各个供应商的价格、产品质量、交货期等信息。

②对历史采购价格进行分析，发现同一种原材料在不同时间采购价格差异较大，因此可以通过历史价格分析来确定最优采购时机。

③对市场价格进行比较，发现同一种原材料在不同供应商之间的价格差异较大，因此可以通过市场价格比较来选择最优惠的供应商。

通过价差管理，该企业成功降低了采购成本，提高了采购效益，优化了供应链管理，提高了企业竞争力。

（3）策略原理（见图1-3-4）

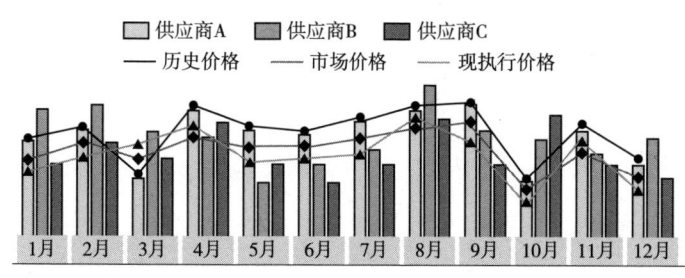

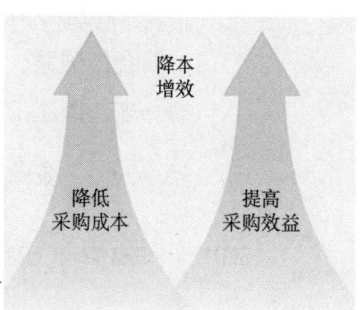

图1-3-4　价差管理策略原理

从原理图中，我们可以看到不同供应商的价格会随着时间产生变动并存在价差，而价差管理的重点就是比较和分析供应商间以及历史价格的差异，找到成本改善机会，为企业获取最优价格。

（4）适用场景

①价差管理对于采购大量物料或产品的企业尤为重要，因为采购成本占企业总成本的比例较大，通过价差管理可以降低采购成本，提高企业的盈利能力。

②价差管理对于采购市场价格波动较大的企业尤为适用，因为市场价格波动较大的企业需要更频繁地对采购价格进行监控和管理，以确保采购价格符合预期和合理的范围。

因此，采购人员应该主动收集、分析和管理价差，为企业降本增效。

5. 最低价分析

（1）策略定义

最低价分析是指，在确定某个物料或服务在不同区域的最低采购价格后，企业对该物料或服务在其他区域的采购价格进行分析，以确定其他区域的采购价格的合理性，降低采购成本。

（2）应用案例

一家集团公司的湖南工厂采购氯碱的价格最低，而福建工厂采购氯碱的价格比湖南工厂高出8%。经过比较分析发现湖南工厂的氯碱供应商位于当地，而福建工厂需要从省外购买，因此运费较高。

在这种情况下，为了降低成本，工厂决定与主要氯碱供应商建立长期合作关系，并鼓励供应商在福建省内建厂，以消除8%的价差。这样一来，福建工厂将能够获得更具竞争力的氯碱价格，同时缩短交期。

（3）策略原理（见图1-3-5）

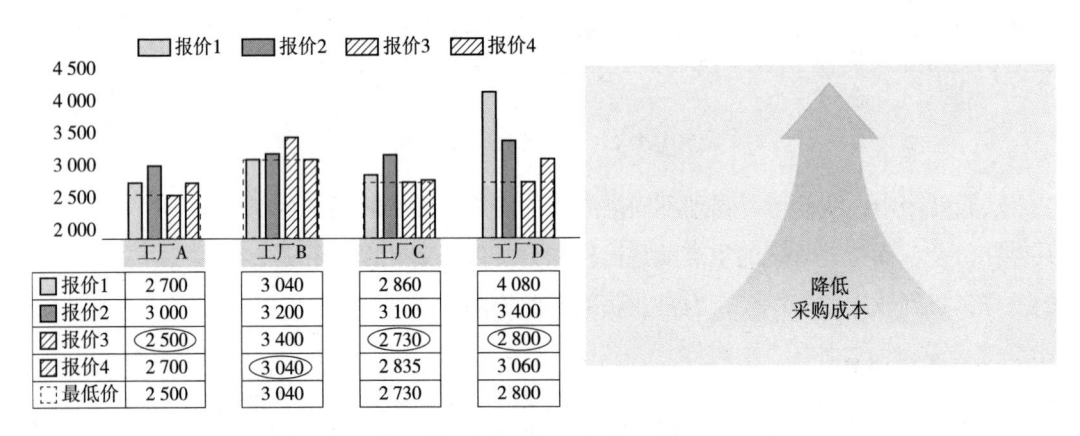

	工厂A	工厂B	工厂C	工厂D
报价1	2 700	3 040	2 860	4 080
报价2	3 000	3 200	3 100	3 400
报价3	2 500	3 400	2 730	2 800
报价4	2 700	3 040	2 835	3 060
最低价	2 500	3 040	2 730	2 800

图1-3-5　最低价分析策略原理

从原理图中，我们可以看到相同品类但不同区域的工厂所获得的采购价格并不相同。最低价分析的重点就在于使用不同区域的采购价格与最低价格作对比，分析非最低价格的合理性，寻找降本机会。

（4）适用场景

当企业在至少两个区域采购相同的物料或服务时，其他区域要与最低价格区域作对比，分析采购价格的合理性，寻找降低采购成本的机会。

因此，采购人员要找到相同品类在不同区域的最低价格，拿来作对比，发现其他区域价格的改善之处，为企业降本增效。

6. 成本分析

（1）策略定义

成本分析是指对供应商的成本进行分析和评估，以便更好地控制和管理采购成本，提高采购效率和降低采购风险的采购策略。

（2）应用案例

某个区域的纸箱的成本分析，见表1-3-2。

表 1-3-2 纸箱的成本分析表

序号	分项	单价	金额	说明
1	瓦楞纸	1.5～2.0 元/米²	=收费标准 × 面积	
2	印刷费	0.1 元/色	=收费标准 × 面积	
3	上釉	0.4 元/米²	=收费标准 × 面积	纸箱面积计算=（长+宽+8）÷100×（宽+高+6）÷100
4	压光	0.5 元/米²	=收费标准 × 面积	
5	覆膜	0.5～0.9 元/米²	=收费标准 × 面积	
6	运费	—	—	优选体积和重量中运费金额较高的
7	税率	13%	—	

参考纸箱的成本分析表与供应商讨论，会让采购人员心中有数，获得公平合理的价格。

（3）策略原理（见图1-3-6）

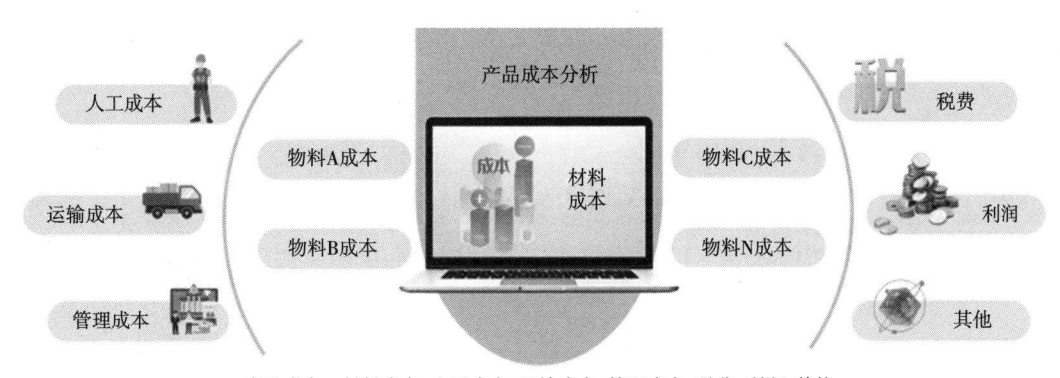

产品成本 = 材料成本+人工成本+运输成本+管理成本+税费+利润+其他

图 1-3-6 成本分析策略原理

从原理图中，我们可以看到产品成本分析的要素包括物料成本、人工成本、运输成本、管理成本、税费、利润和其他。获取这些成本要素再求和即可得到产品的成本。

（4）适用场景

①对于需要大量采购的物料，成本分析可以帮助企业更好地掌握成

本结构和成本变化趋势,从而更好地控制采购成本。

②对于需要从多个供应商采购物料的情况,成本分析可以帮助企业比较不同供应商的成本和质量等因素,从而选择最优供应商和最优采购方案。

③对于采购价格随市场行情波动的物料,成本分析可以帮助企业判断购买时点,在接近成本价格或者跌破成本价格时大量买进。

总之,采购人员应该掌握并运用成本分析合理管控采购成本,为企业降本增效。

7. 总成本最优

(1)策略定义

总成本最优是指在保证产品或服务质量的前提下,采购总成本的最小化。

总成本包括直接成本和间接成本两部分。直接成本包括采购价格、运输成本、关税、保险费用等直接与采购相关的成本;间接成本包括采购流程中的管理成本、库存成本、采购风险成本等,这些成本虽然不直接与采购相关,但也会对采购总成本产生影响。

(2)应用案例

一家制造企业需要购买上万种MRO(维修与作业耗材)物资来维持生产运营。以前他们会找多家供应商比价,选择价格最低的物资来采购。

虽然这样的采购方式能够确保价格有竞争力,但往往采购人员需要花费很大精力对接上百家供应商。同时,经常会遇到物品描述不清晰导致货物与需求不匹配,质量有问题、送达时间不明确、售后异常无人处理等问题,使采购总成本居高不下。于是,该企业决定采用一个能够综合降低各方面成本的MRO采购方式。

通过市场调研,该企业发现行业内存在一种B2B(企业与企业)数字化商城。数字化商城的优势是信息规范,价格公开透明。经过供应商评估,该企业选择一家头部供应商的MRO数字化商城。一年后该企业分析发现,MRO采购的平均交期从12天缩短为3天,准时达交率从

75%提升为98%,退换货率从6%降低到1%。经过综合评估,总成本降低了20%。

(3)策略原理(见图1-3-7)

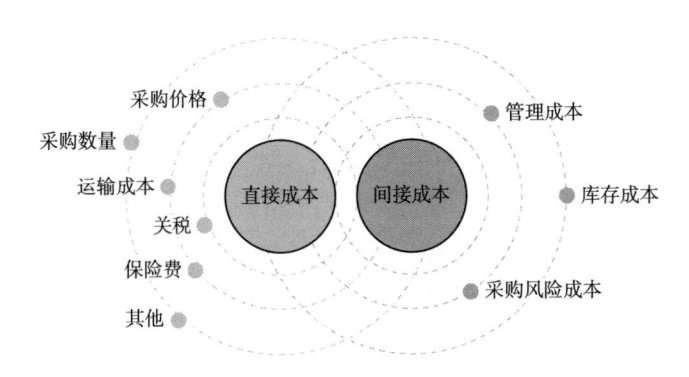

图1-3-7 总成本最优策略原理

从原理图中,我们可以看到总成本的主要构成包括直接成本和间接成本两部分,以及每部分的详细成本构成。

(4)适用场景

①对于采购成本占比较高的企业,总成本最优可以帮助企业降低采购成本,提高盈利能力和竞争力。

②对于需要长期稳定供应的企业,总成本最优可以帮助企业建立稳定的供应链,降低采购风险和成本。

③对于需要高质量原材料或产品的企业,总成本最优可以帮助企业在保证质量的前提下,降低采购成本,提高盈利能力和竞争力。

因此,采购人员应该从总成本的角度比较供应商间的成本高低,从多个方面优化总成本,为企业降本增效。

8. 阶梯报价

(1)策略定义

阶梯报价是指供应商根据不同采购量提供的不同价格报价。

通常情况下,随着采购量的增加,供应商提供的价格会逐渐降低,以吸引采购方增加采购量，从而实现采购成本的降低和销售额的增加。

（2）应用案例

一家企业需要采购大量的电子元器件作为产品的配件，该企业与多家供应商谈判，最终选择了一家供应商进行合作。在合作前，该供应商给出了一个阶梯报价方案，如下：

①采购量在1 000个以下，单价为12元；

②采购量在1 000～5 000个之间，单价为10元；

③采购量在5 000个以上，单价为8元。

该企业根据实际采购量进行评估，最终确定采购量为6 000个。根据供应商的阶梯报价，该企业可以获得每个元器件8元的价格，比原来12元每件的价格降低了33.3%。

（3）策略原理（见图1-3-8）

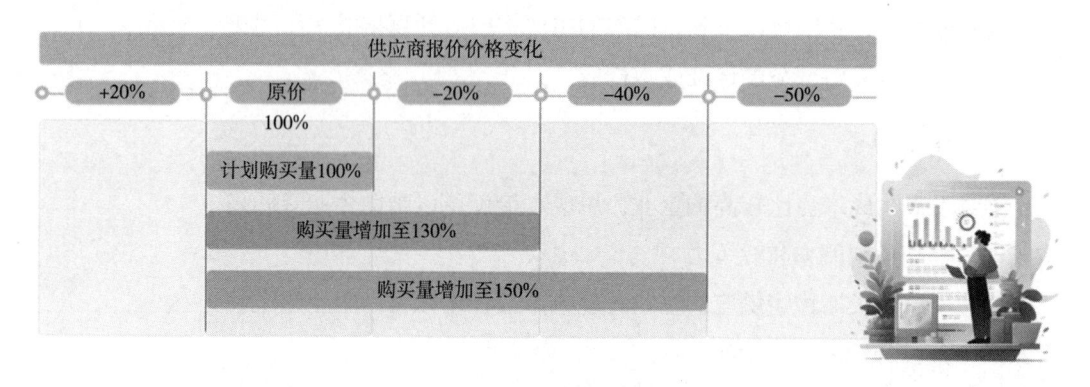

供应商报价价格变化				
+20%	原价 100%	−20%	−40%	−50%
	计划购买量100%			
		购买量增加至130%		
			购买量增加至150%	

图1-3-8　阶梯报价策略原理

从原理图中，我们可以看到阶梯报价的原理是采购量越大，采购价格越低，从而为企业合理降本。

（4）适用场景

①阶梯报价通常应用于大批量采购的情况，例如原材料、零部件等。

②如果采购方的需求比较稳定，且采购量较大，阶梯报价可以帮助采购方更好地控制采购成本。

③当采购方有多个供应商进行竞争时，阶梯报价可以帮助采购方更好地选择合适的供应商，并降低采购成本。

总之，采购人员应该积极使用阶梯报价策略为企业降本增效。

9. 供应商返利

（1）策略定义

供应商返利是指供应商为了促进采购方增加采购量，在一定的时间范围内达到一定的采购量后向采购方提供一定比例的返利。

（2）应用案例

一家食品制造企业与其主要原料供应商达成了一项返利协议。根据协议，企业每年采购的原料数量达到一定的阈值后，供应商将向企业支付一定比例的返利。

在协议中，双方约定了采购数量的目标和返利比例。随着企业的采购量增加，供应商提供的返利比例也相应增加。协议还规定了返利支付的时间和方式。

通过这个返利协议，企业获得了以下好处：

① 通过达到采购数量目标并获得返利，企业可以降低原料采购成本，从而提高利润率。

② 与供应商建立了长期合作关系，并通过返利协议激励供应商提供稳定的供应和优质的产品。

（3）策略原理（见图1-3-9）

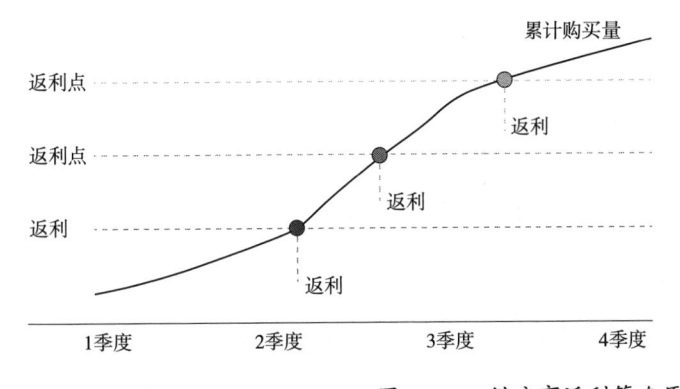

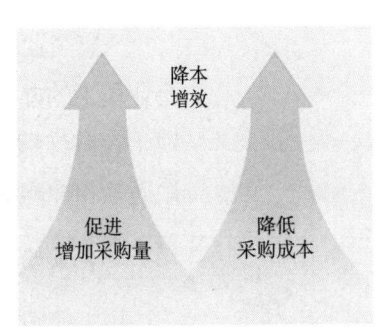

图1-3-9 供应商返利策略原理

从原理图中，我们可以看到供应商返利的原理在于随时间积累的采购量或采购金额达到协议的返利点，企业便可获得协议的返利，从而促进采购量的增加和采购成本的降低。

（4）适用场景

①当采购方需要大量采购某种商品或服务时，可以要求供应商提供返利。

②当采购方需要降低采购成本时，对于供应商竞争激烈的品类，可以要求供应商提供返利。

因此，采购人员应该识别使用供应商返利策略的场景，通过供应商返利为企业降本增效。

10. 销售折让

（1）策略定义

销售折让是指供应商在向采购方销售商品或服务时，为了促销、回馈客户、解决库存积压或者处理瑕疵品，主动或被动地对销售价格进行减免的行为。

（2）应用案例

一家电子产品厂家生产了一批笔记本电脑，其中有部分产品存在轻微的外观瑕疵。这些产品虽然在质量和性能上没有问题，但无法按照正常价格销售。于是，厂家决定以低于市场价 30% 的价格出售这些瑕疵品。

一家企业的采购人员注意到了这个机会，决定购买这些瑕疵品作为企业员工的办公电脑。由于这些电脑在质量和性能上没有问题，只是外观上有些许瑕疵，因此企业能够以低于市场价格 30% 的折扣购买到相同质量和性能的产品，从而降低了采购成本。

（3）策略原理（见图 1-3-10）

从原理图中，我们可以看到，供应商在节日促销、月底业绩结算、解决库存积压、处理瑕疵品、回馈客户、推出新产品和建立长期合作关系的时候可能给出销售折让。

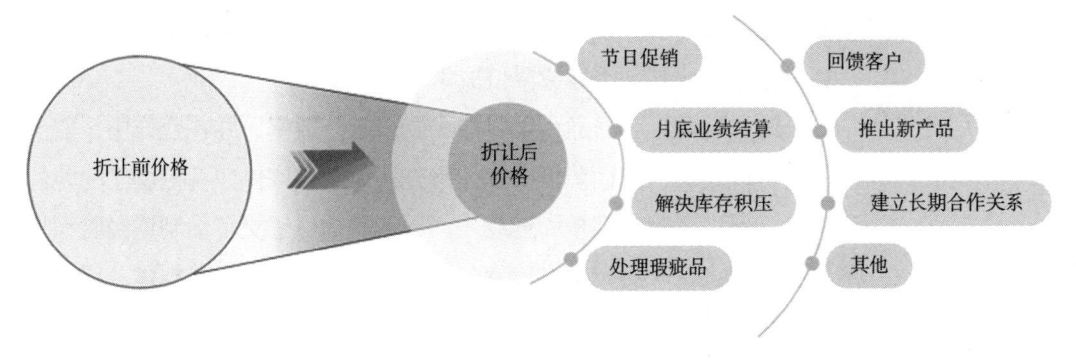

图 1-3-10　销售让利策略原理

（4）适用场景

①供应商可以在特定的节日或活动期间，为了吸引采购方而提供折扣，以增加销售量。

②当采购方需要大量采购商品或服务时，供应商可以为了获得更大的订单量而提供折扣。

③当供应商库存积压过多时，为了减少库存压力，可以采取降价或提供折扣的方式促销销售。

④当供应商的产品出现可接受的瑕疵时，采购方可以主动要求供应商提供销售折让。

总之，采购人员应该根据适用场景积极与供应商协商获得销售折让，为企业降本增效。

11. 学习曲线

（1）策略定义

学习曲线是指在与一个采购方建立业务合作关系后，随着累计产量的增加，供应商在生产、交付、服务等方面的成本逐渐降低的曲线。

（2）应用案例

某集团是电子设备制造代工厂商，也是某科技公司（以下简称采购方）的主要供应商之一。作为采购方的制造合作伙伴，随着时间的推移、经验的积累和复杂产品制造能力的提升，该集团（以下简称供应商）越来越能够更高效地生产采购方的产品，并降低制造成本。这就是通过学习曲线帮助采购方降低成本。

采购方鼓励供应商通过学习曲线提高生产效率，并在合作中采取了一些措施以帮助供应商降低成本。首先，采购方向供应商提供了稳定的订单量，保证了制造规模和连续生产，从而提供了更多的制造经验积累的机会。其次，采购方与供应商分享了产品的设计和工艺技术，以帮助供应商更好地理解产品需求和优化制造流程。最后，采购方还与供应商合作进行供应链管理和物流优化，以降低物流和运输成本。

通过这种合作模式，供应商能够通过学习曲线提高生产效率、降低制造成本，并提供高质量的产品给采购方。采购方受益于供应商的成本优势和高品质的产品，使其能够保持竞争力并提供满足消费者需求的产品。这种合作模式帮助双方实现了互利共赢。

（3）策略原理（见图1-3-11）

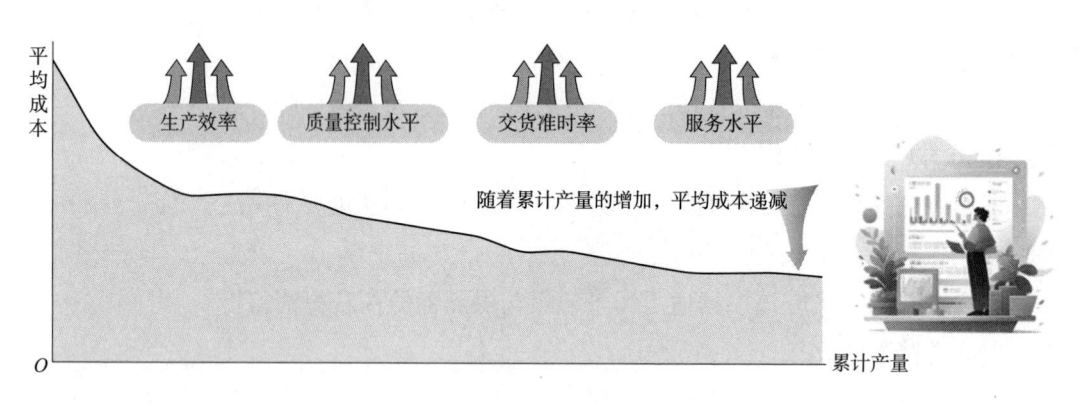

图1-3-11 学习曲线策略原理

从原理图中，我们可以看到学习曲线的原理是随着累计产量递增，供应商的平均成本递减。

（4）适用场景

①当供应商按照采购方的规格进行定制件生产，随着累计产量的增加，推动供应商不断提高自身的生产效率、质量控制水平、交货准时率和服务水平等，从而降低自身的成本。

②当人工费在外购件的成本中占比较大，随着累计产量的增加，生产单件的工时和工时费应相应的减少，从而降低自身的成本。

③当采购方发现供应商的价格不具竞争力，随着累计产量的增加，评估供应商的成本构成，识别降低成本的机会，使价格合理。

总之，采购人员应该主动识别学习曲线的适用场景，统计相关供应商的累计产量，依据学习曲线要求供应商持续降价，为企业持续降本。

12. 套期保值

（1）策略定义

套期保值是指企业在采购原材料或商品时，采用套期保值的方法对价格波动进行控制，以降低价格风险和提高盈利能力的采购策略。

（2）应用案例

一家化工企业需要采购大量的原油作为生产原料，但原油价格波动较大，对企业的生产成本和盈利能力造成了较大的影响。为了规避价格风险，该企业决定采用套期保值的方法进行采购。

该企业在期货市场上购买了相应数量的原油期货合约，以锁定未来某一时间内的原油价格。在期货合约到期时，该企业可以按照合约规定的价格购买或交割原油，避免了价格波动对企业造成的影响。

在套期保值的过程中，该企业需要考虑到期货合约价格、保证金、手续费等因素，确保采购成本不会因为套期保值而增加。此外，该企业还需要根据生产计划和销售计划，合理安排套期保值的时间和数量，以最大限度地降低价格风险。

通过采用套期保值的策略，该企业成功地规避了原油价格波动对企业造成的影响，保证了生产成本和销售价格的稳定性，提高了企业的盈利能力。

（3）策略原理（见图1-3-12）

从原理图中，我们可以看到套期保值的原理是利用现货市场和期货市场的价格关联性，回避价格波动风险，为企业降本增效。

（4）适用场景

①原材料价格波动较大的行业，如金属、石油、化工、农产品等。
②企业需要签署固定价格的长期销售合同，因此保证采购价格稳定

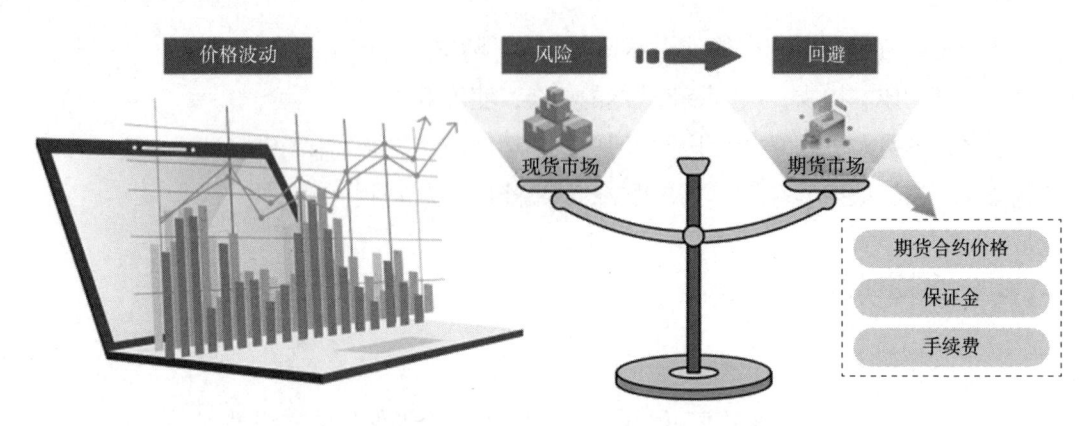

图 1-3-12　套期保值策略原理

十分重要。

因此，采购人员应该主动研究套期保值策略对于大宗物料采购的适用性，适当采用套期保值稳定采购成本，降低价格风险，为企业降本增效。

13. 解释性竞价

（1）策略定义

解释性竞价是指在新产品的寻源竞价中，企业允许供应商在已合作的产品上降价，并将这部分降价计入供应商间的总成本比较，以便决定最终成交供应商的采购策略。

（2）应用案例

一家汽车零部件供应商与一家汽车制造企业合作多年，一直是该汽车制造企业的主要供应商之一。然而，近年来市场竞争加剧，该汽车制造企业开始在采购竞价中寻找更具竞争力的价格，采用解释性竞价策略。

为了保持与该汽车制造企业的合作关系，在采购竞价中，该供应商主动降低了已供货的零部件的价格，以争取在竞价中胜出。最终，该供应商通过对已合作产品降价，成功赢得了竞价，并保持了与该汽车制造企业的合作关系。

通过这种策略，该供应商不仅保持了市场份额，还增加了销售量和市场占有率，同时也为该汽车制造企业降低了采购成本。

（3）策略原理（见图1-3-13）

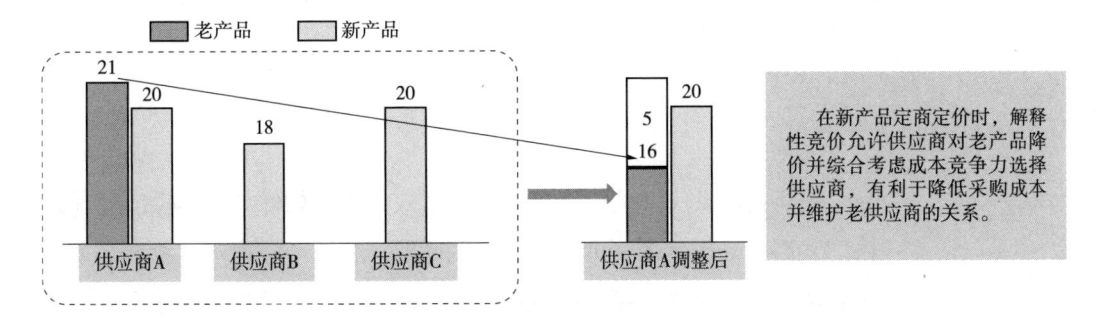

图 1-3-13　解释性竞价策略原理

从原理图中，我们可以看到解释性竞价的特别之处，是一种兼顾降本与供应商关系的采购策略。

（4）适用场景

①在市场竞争激烈的行业中，供应商需要通过竞价来争取更多的订单和市场份额。此时，企业可以应用解释性竞价迫使供应商对已合作产品降价。

②在某些行业中，由于技术进步、生产成本下降等原因，产品价格不断下降。此时，对已合作产品降价可以帮助企业和供应商保持竞争力。

因此，采购人员应该积极使用解释性竞价策略为企业获得更多降本。

第四章　供应商管理

如何利用供应商的优势资源降本增效，以及如何与战略供应商长期协同发展，是供应商管理需要解决的问题。在这个过程中，我们需要思考如何识别战略供应商，以及在哪些方面与战略供应商协同发展。

在本章中，将介绍 28 个能够降低成本或提高效率的供应商管理策略，见表 1-4-1，以帮助企业在供应商管理方面取得更好的结果。

表 1-4-1　28 个降本增效的供应商管理策略

供应商管理			
1. 供应商整合	2. 向上整合	3. 排他协议	4. 投资协议	5. 供应商早期介入	6. 利用富余产能
7. 产能协同	8. 备料协同	9. 延长质保期	10. 供应链协同	11. 供应商发展	12. 全生命周期管理
13. 战略合作	14. 优化利益共享机制	15. 配额管理	16. 优化供应商绩效	17. 管控供应商风险	18. 代理转原厂
19. 原厂转贸易商	20. 缩短采购交期	21. 削减最小起订量和最小包装量	22. 寄售	23. VMI	24. JIT
25. 循环取货	26. 双向联动	27. 供应商大会	28. 绿色采购		

1. 供应商整合

（1）策略定义

供应商整合是指企业通过筛选和整合供应商资源，以降低采购成本、提高采购效率和控制采购风险的采购策略。

（2）应用案例

一家制造企业原本的加工件分散在三十多家供应商。通过比较供应商的地理位置、供货能力和表现，该企业决定从五家供应商采购，以实现采购成本降低3%。这一举措不仅简化了供应链管理，还提升了供应商的服务水平和产品质量。同时，供应商也因此获得了更稳定的订单和更好的合作机会，实现了双赢。

（3）策略原理（见图1-4-1）

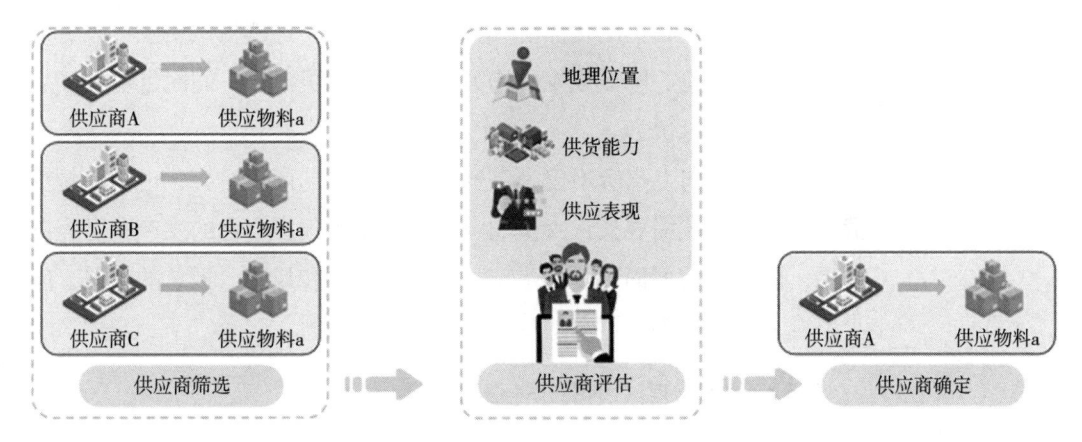

图1-4-1 供应商整合策略原理

从原理图中，我们可以看到供应商整合的原理是通过评估和筛选，将多家供应商的采购量集中到一家或几家供应商。

（4）适用场景

①采购量大、采购种类多、供应商众多的企业，需要整合供应商资源，以实现采购成本的降低、采购效率的提高和采购风险的控制。

②企业需要与供应商建立战略合作关系，需要向该供应商整合部分采购业务。

因此，采购人员应该审视供应商资源，识别整合机会，为企业降本增效。

2. 向上整合

（1）策略定义

向上整合是指企业收购或合并其上游供应商，以控制原材料和生产过程，提高生产效率和质量，降低成本，同时也可以更好地控制供应链风险。

（2）应用案例

某企业是当地较大的零售商，但是它一直依赖供应商提供商品。为了更好地控制供应链和降低成本，于是该企业收购了最大的食品生产商，并开始自己生产和销售食品。此后，该企业继续收购其他食品生产商，逐渐建立了自己的食品生产和供应链体系。这使得该企业可以更好地控制产品质量、降低成本、提高生产效率和灵活性，同时也增强了品牌形象和市场竞争力。

该企业的向上整合不仅为自身带来了巨大的商业机会，也面临着挑战。例如，企业需要投入大量的资金和资源来建立自己的生产和供应链体系，同时也需要面对食品生产和销售的监管和风险。但总的来说，向上整合为企业提供了更多的商业机会和发展空间。

（3）策略原理（见图1-4-2）

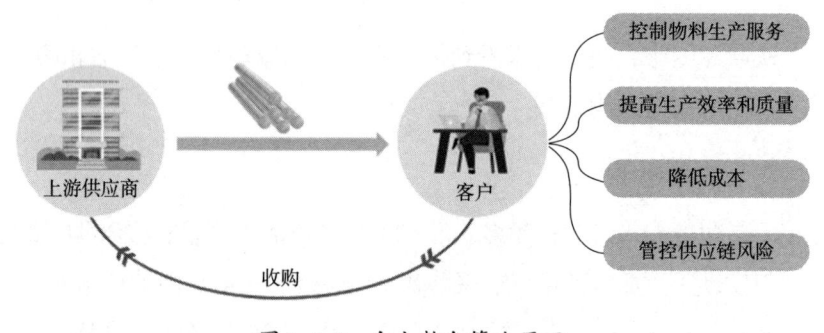

图1-4-2　向上整合策略原理

从原理图中，我们可以看到向上整合的原理是企业通过收购等手段控制上游供应商，从而获得服务、品质、效率和成本等优势。

（4）适用场景

①如果企业所需的原材料供应不稳定或者市场上供应商数量较少，那么向上整合可以帮助企业控制原材料的供应，保证生产的稳定性和质量。

②一些需要高度集成的产业,如汽车制造业、电子制造业等,需要各种零部件和配件的高度匹配和协同工作,这时向上整合可以帮助企业更好地控制整个供应链,提高生产效率和质量。

③一些行业,如奢侈品、高端食品等,需要保证产品的质量和品牌形象,这时向上整合可以帮助企业控制原材料的质量和生产过程,提高产品的品质和竞争力。

④一些行业,如半导体、新能源等,需要保护自己的核心技术,避免技术泄漏和侵权,这时向上整合可以帮助企业控制供应链和生产过程,保护核心技术和知识产权。

总之,对于有竞争力或有发展潜力的供应商,采购人员应该提议向上整合,帮助企业获取优质供应资源,增加综合竞争力。

3. 排他协议

(1) 策略定义

排他协议是指供应商与采购方之间的协议,其中供应商同意只向采购方提供特定商品或服务,而不向采购方的竞争对手提供。这种协议通常会有一定的时间限制和地理限制,以保护供应商和采购方的商业利益。

排他协议可能会引起反垄断法或相关竞争法规的关注。如果排他协议被认为限制了市场竞争,可能会被视为违反反垄断法规,从而导致罚款和其他法律后果。因此,在签订排他协议之前,供应商和采购方都应该咨询法律专家,以确保协议的合法性和合规性。

(2) 应用案例

2010年,苹果公司(简称苹果)和AT&T(美国电话电报公司)签订了一份排他协议,使得AT&T成为苹果手机(以下称iPhone)的独家运营商。根据协议,AT&T将独家提供iPhone的服务和销售,其他运营商无权销售iPhone。这个协议在美国市场引起了广泛的争议和反对声音,因为它限制了消费者的选择。

这个协议为苹果和AT&T带来了巨大的收益。AT&T获得了独家销售iPhone的权利，从而获得了更多的客户和收入。苹果也从这个协议中获得了很多好处，因为AT&T为iPhone提供了更好的服务和支持，从而提高了iPhone的客户满意度和忠诚度。

2013年，苹果和AT&T的排他协议到期，其他运营商也开始销售iPhone，这也为消费者带来了更多的选择。

（3）策略原理（见图1-4-3）

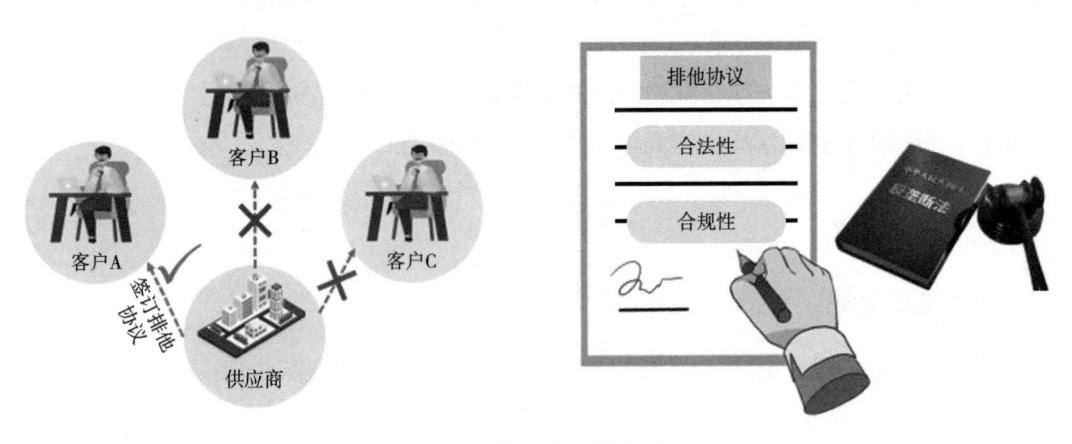

图1-4-3 排他协议策略原理

从原理图中，我们可以看到排他协议是供应商与客户间的协议，旨在排除供应商向其他客户销售的可能，从而令客户获得独特的优势和利益。

（4）适用场景

①如果某个供应商生产的产品或提供的服务非常独特，其他竞争对手无法提供相同的产品或服务，那么排他协议将是一种非常有效的保护措施。这种情况下，供应商与采购方可以签订排他协议，保证产品或服务在市场上的独特竞争力。

②如果某个市场竞争非常激烈，供应商和采购方都希望限制其他竞争对手产品或服务的进入和影响，那么排他协议将是一种非常有效的策略。通过签订排他协议，供应商可以获得稳定的销售渠道和高利润率，而采购方可以获得稳定的供应和更好的价格。

因此，采购人员应该研究供应市场，对于优势品类尝试与优质供应商签署排他协议，为企业降本增效。

4. 投资协议

（1）策略定义

与供应商签署投资协议是一种常见的投资方式，它可以帮助供应商获得更多的资金和资源，从而扩大生产规模、提高产品质量和创新能力。

（2）应用案例

2018年，苹果公司向LG Display（乐金显示）投资20亿美元，在韩国建立一家新的OLED（有机电激光显示）面板生产线，以帮助LG Display提高生产能力和技术水平，同时确保苹果公司的供应链稳定性。

（3）策略原理（见图1-4-4）

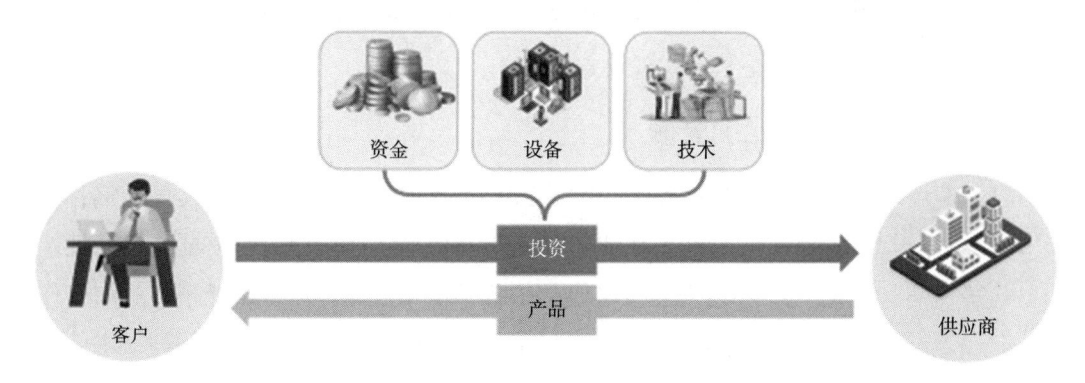

图 1-4-4　投资协议策略原理

从原理图中，我们可以看到投资协议的原理是客户向供应商投资以便提升供应商的能力，获取所需产品。

（4）适用场景

①如果供应商需要扩大生产规模以满足市场需求，但缺乏资金和资源，企业可以向供应商投资固定资产，例如生产设备、土地和建筑物等，以帮助供应商扩大生产规模。

②如果供应商需要提高产品质量或创新能力，但缺乏资金和资源，企业可以向供应商投资固定资产，例如研发设备和技术、生产线改造等，以帮助供应商提高产品质量和创新能力。

因此，对于需要长期合作但缺乏资金的供应商，采购人员应该提议对其进行投资，以便提升供应商的能力，为企业降本增效。

5. 供应商早期介入

（1）策略定义

供应商早期介入是指在产品设计和开发的早期阶段，将供应商纳入设计和开发过程中，与产品设计和开发团队进行紧密合作，共同完成产品的设计和开发。

供应商早期介入的目的是通过供应商的专业知识和经验，优化产品设计和开发过程，降低产品开发成本和时间，提高产品质量和市场竞争力。通过早期介入，供应商可以更好地理解客户的需求和要求，提供更有针对性的解决方案，并在产品设计和开发的过程中提供更多的技术支持和建议，从而实现双方的共赢。

（2）应用案例

一个典型的案例是波音公司（简称波音）和日本航空公司（简称日本航空）的合作。在波音开发新一代737客机时，它需要一款高性能的电气连接器来连接飞机上的各种电子设备。波音选择了日本航空作为电气连接器的供应商，并在产品设计的早期阶段就开始与日本航空合作，共同开发一款定制化的电气连接器。日本航空早期介入，为波音提供了技术支持和设计建议，帮助波音实现了更高的性能和更好的可靠性。

这种供应商早期介入的合作模式帮助波音获得了一款高性能的电气连接器，提高了飞机的可靠性和安全性，同时也为波音和日本航空带来了长期的合作机会和商业利益。

（3）策略原理（见图1-4-5）

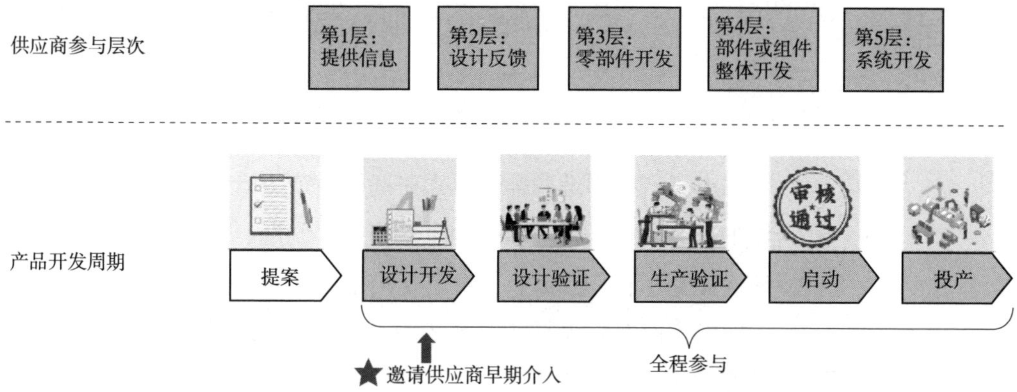

图 1-4-5　供应商早期介入策略原理

从原理图中，我们可以看到供应商早期介入产品开发的五个层次分别是提供信息、设计反馈、零部件开发、部件或组件整体开发和系统开发。供应商可以在产品开发周期中的不同阶段参与或者全程参与。

（4）适用场景

①在设计和开发高技术和高风险的产品时，供应商具有更专业的技术知识和经验，可以为产品设计和开发提供更好的技术支持和建议。

②在设计和开发需要定制化的产品时，供应商可以更好地理解客户的需求和要求，提供更有针对性的解决方案，帮助客户满足市场需求。

③在设计和开发需要高质量和高性能的产品时，供应商可以提供更好的材料和零部件，帮助客户提高产品质量和性能。

④在设计和开发需要降低成本的产品时，供应商可以提供价格更优惠的材料和零部件，帮助客户降低产品成本。

总之，采购人员应该识别产品开发的需求，积极引入匹配的供应商早期介入，为企业降本增效。

6. 利用富余产能

（1）策略定义

利用富余产能是指企业在采购过程中，通过与供应商建立合作关系，共享需求信息和灵活调整采购计划等方式，利用供应商未被充分利用的生产能力，以满足企业的采购需求。这种策略可以帮助企业降低采购成本，提高采购效率。

（2）应用案例

一家电子产品制造商需要在短时间内生产大量的电子元件，但自身生产线的产能无法满足需求。为了解决这个问题，该企业与多家电子元件供应商建立了合作关系，并共享了自己的需求信息。

这些供应商有着大量的富余产能，可以在短时间内满足该企业的需求，并提供更优惠的价格。同时，这些供应商也通过企业的订单提高了产能利用率和盈利能力。

（3）策略原理（见图1-4-6）

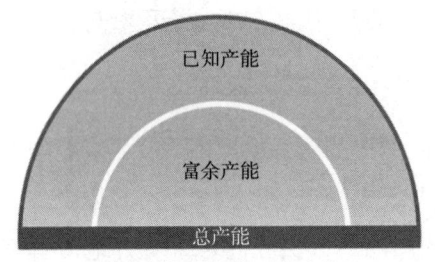

富余产能=总产能-已知产能

图1-4-6 利用富余产能策略原理

从原理图中，我们可以看到富余产能是总产能与已知产能的差值。富余产能较多的供应商往往愿意低价接单以便提升产能利用率，充分利用他们的富余产能往往可以为企业降本增效。

（4）适用场景

①企业的采购需求量可能会出现波动，有时需求量较大，有时则较小。这时，企业可以与供应商建立灵活的采购协议，利用供应商的富余产能，以满足企业的需求。

②企业在采购过程中，有时需要在短时间内完成大量采购，这时可以通过利用供应商的富余产能，以满足企业的采购需求。

③一些供应商可能拥有较大的生产能力，但由于订单量不足，生产能力未被充分利用。这时，企业可以利用供应商的富余产能，以降低采购成本和提高采购效率。

因此，采购人员应该定期调查供应商的产能情况，利用供应商的富余产能为企业降本增效。

7. 产能协同

（1）策略定义

产能协同是指企业在与供应商建立合作关系后，定期对供应商的生产能力和资源进行评估和监控的采购策略。

通过定期检查供应商的产能，企业可以及时了解供应商的生产能力变化情况，以便在采购计划和供应商管理中做出更加科学的决策。

（2）应用案例

一家家电企业与一家供应商建立了长期合作关系，该供应商负责生产企业的某一种类电器的外壳。由于该电器的销售量较大，企业需要大量采购该供应商的产品。为了保证供应链的稳定性和可靠性，企业定期检查该供应商的产能。

在一次定期检查中，采购人员发现该供应商的可用产能有所下降，无法完全满足企业未来两个月的采购需求。采购人员立即与该供应商沟通，了解到可用产能下降的原因是其他客户突然增加订单导致组装线产能爆满。经过协商，该供应商表示已经订购新的组装线解决产能瓶颈问题，并承诺可用产能将在未来两个月后恢复正常。采购人员也与企业的计划人员沟通，调整生产计划，将未来两个月的部分采购订单推后，从而规避了未来两个月生产频繁停线的风险。

（3）策略原理（见图1-4-7）

从原理图中，我们可以看到产能协同的原理是供应商的实际产能会随着时间变化，当实际产能达到甚至超过最大产能时，供应商将无法满足企业的供应要求，需要采购人员及早要求供应商采取措施或者调整采购计划以规避供应风险。

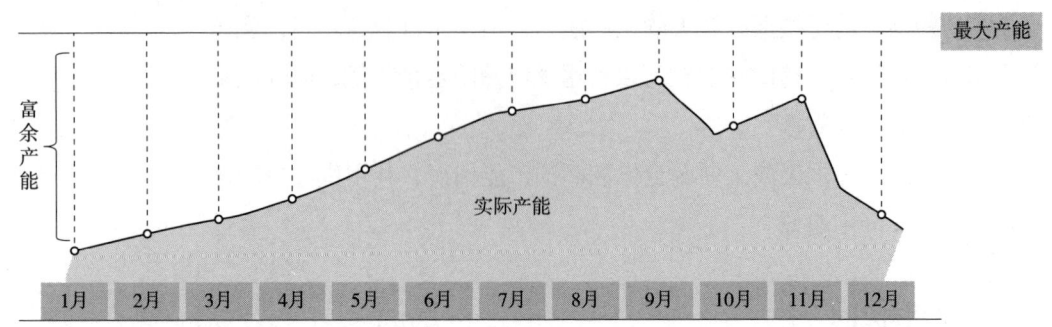

供应商的实际产能会随着时间变化,当实际产能达到甚至超过最大产能时,供应商将无法满足企业的供应要求。

图 1-4-7　产能协同策略原理

（4）适用场景

①企业的采购需求具有季节性或周期性,需要定期了解供应商的生产能力和资源变化情况,以便及时调整采购计划。

②企业的产品需求量较大,需要多个供应商进行生产,需要定期了解各个供应商的生产能力和资源变化情况,以便及时调整供应商的配额。

因此,对于需要长期稳定供应的物料,采购人员应该主动与供应商进行产能协同,为企业规避风险、降本增效。

8. 备料协同

（1）策略定义

备料协同是指企业与供应商之间的一种合作方式,即供应商保管一部分物料,以便在需要时能够快速地进行生产或组装。

备料协同的主要目的是优化供应链,降低企业的库存成本和采购成本,提高生产效率和响应速度。在备料协同中,企业通常会与供应商签订备料协议,明确双方的责任和义务。供应商需要按照企业的要求,对备料进行妥善管理,确保备料的数量、质量和时效性。企业则需要及时向供应商提供物料需求计划,以便供应商能够及时备料并交付。

（2）应用案例

一家生产家具的制造商,其主要原材料是板材和五金配件。由于板材和五金配件的种类繁多，采购成本较高，而且库存管理困难，企业经常会出现库存过多或缺货的情况，影响了生产效率和客户满意度。为了解决这一问题，该企业与主要供应商签订了备料协议，要求供应商按照企业的物料需求计划提前备料，并在企业生产需要时及时交付。

通过备料协同策略，该企业降低了库存成本，提高了来料齐套率。经实践证明，备料协同是一种值得推广的采购策略。

（3）策略原理（见图1-4-8）

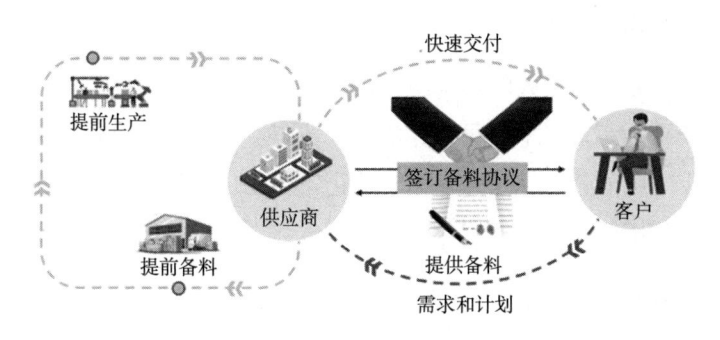

图1-4-8　备料协同策略原理

从原理图中，我们可以看到备料协同的原理是在客户与供应商签订备料协议之后，供应商根据客户提供的物料需求计划提前备料和生产，以便缩短供应周期，快速交付。

（4）适用场景

①企业与供应商之间建立了长期稳定的合作关系，供应商能够提供稳定的原材料或零部件供应，且供应商的供货能力和质量稳定可靠。

②企业的生产计划相对稳定，能够提前预测和安排备料需求，以便供应商能够及时备货并交付。

③企业需要大量的原材料或零部件，并且库存成本较高，采购成本也较高，此时采用备料协同能够降低库存和采购成本，并提高生产效率和响应速度。

因此，对于具有长期稳定供应要求的物料，采购人员应该与供应商进行备料协同，为企业降本增效。

9. 延长质保期

（1）策略定义

延长质保期是指采购人员要求供应商延长对其产品在一定时间范围内提供的售后服务承诺，包括免费维修、更换。延长质保期一方面能够为企业节省维保费用，另一方面也考验供应商对产品性能和质量的信心。

（2）应用案例

一家企业面临较大的降本压力，要求笔记本电脑供应商将一年的质保期延长至两年，以节省第二年的维护成本。为了保持合作关系并展示对笔记本电脑质量的认可和信心，笔记本电脑供应商最终同意了这一要求。这一举措使企业从第二年起每年节省数十万元的电脑维修费用。

（3）策略原理（见图1-4-9）

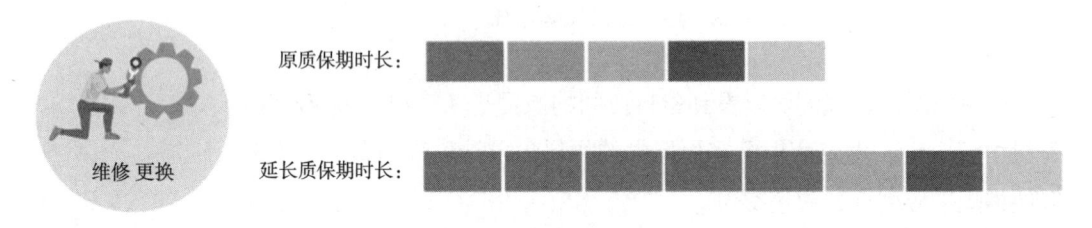

图1-4-9 延长质保期策略原理

从原理图中，我们可以看到延长质保期策略的要点在于质保时间的免费延长，从而为企业节省质保费用。

（4）适用场景

①对于长期使用的设备或设施，如生产设备、机械工具等，延长质保期可以提供更长时间的保障，降低维修和更换成本。

②在采购高价值产品或大宗商品时，延长质保期可以增加产品的使用寿命，提高投资回报率。

因此，采购人员应该主动识别延长质保期的机会，为企业降本增效。

10. 供应链协同

（1）策略定义

供应链协同是指企业与其供应商之间建立起紧密的协同关系，在供应链中共同协作、共同发展、共同分担风险和共同创造价值。

（2）应用案例

一家果酱厂原来购买玻璃瓶需先清洗玻璃瓶后再灌装果酱。后来他们与玻璃瓶厂联系得知，玻璃瓶在出厂前已经被彻底清洗。于是，果酱厂决定不再清洗玻璃瓶，这样做不仅省去了清洗成本，还提高了生产效率。

看到供应链协同的好处，果酱厂主动联系超市，要求超市提供装果酱的托盘。果酱厂将果酱放在托盘上，然后运送到超市。超市收到后直接将托盘放上货架，省去了超市拆箱和装箱的时间，节约了包装成本，提升了效率。

随后，超市、果酱厂和玻璃瓶厂通过数字化管理系统实现了数据互联。果酱厂和玻璃瓶厂对超市的销售预测、销售情况和库存信息一目了然，果酱厂根据这些信息制订生产与补货计划，玻璃瓶厂也相应调整计划，实现了实时的供应链协同，降低了库存量和缺货率。

（3）策略原理（见图 1-4-10）

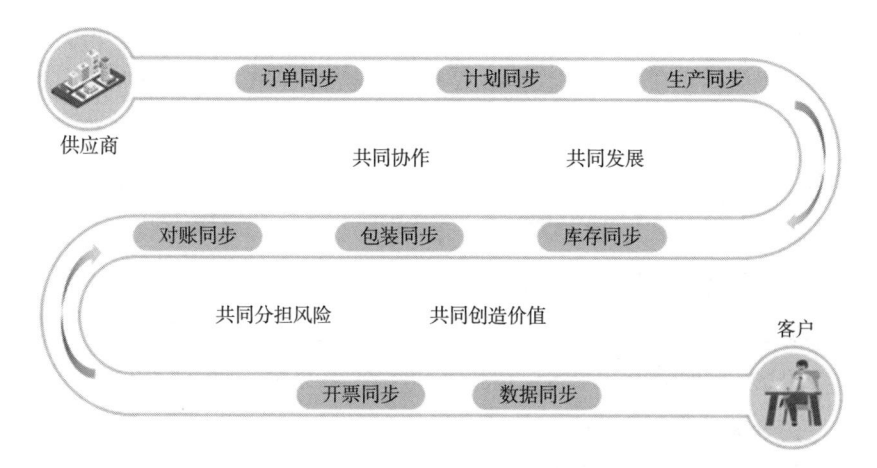

图 1-4-10　供应链协同策略原理

从原理图中，我们可以看到供应链协同的原理是客户与供应商在订单、计划、生产、库存、包装、对账、开票、数据等业务层面的全方位协同，以便更好地降本增效。

（4）适用场景

①当供应链中存在多个层级的供应商时，供应链协同可以帮助企业与各个层级的供应商建立紧密的协同关系，实现供应链的优化和协同。

②当市场需求不确定性较高时，供应链协同可以帮助企业与供应商建立灵活的协同关系，以应对市场需求的变化。

③当企业需要跨越国界进行供应链管理时，供应链协同可以帮助企业与跨国供应商建立起紧密的协同关系，实现国际化供应链的优化和协同。

因此，采购人员应积极推动供应链协同，为企业降本增效。

11. 供应商发展

（1）策略定义

供应商发展是指企业为了优化供应链、提高供应商绩效、降低风险和成本，采取的针对供应商的长期发展策略。

（2）应用案例

一家制造企业需要采购大量的铝材料，但是由于市场竞争激烈，供应商数量众多，价格和质量参差不齐，企业难以选择合适的供应商。为了解决这个问题，企业开始制定供应商发展策略，重点关注以下几个方面：

①对于优选和可选的供应商，企业将加强与其合作和协同，创造更多价值。对于受限的供应商，企业将加强对其的管理和监督，提高其绩效和质量水平。对于淘汰的供应商，企业将逐步淘汰和替换。（关于优选、可选、受限和淘汰供应商的区分方法，参见第二篇第六章第十二条供应商分级分类管理。）

②加强对供应商的培训和发展，提高其技术和管理水平。企业邀请

专业的培训机构和专家，为供应商提供培训和指导，帮助供应商提高其绩效和质量水平。

通过以上供应商发展策略，企业成功地发展了一批优秀的供应商，提高了供应链的效率和效益，降低了成本和风险，实现了供应链的优化和协同。

（3）策略原理（见图1-4-11）

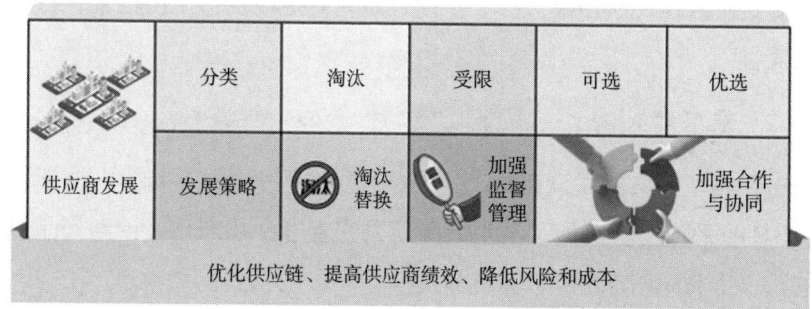

图1-4-11　供应商发展策略原理

从原理图中，我们可以看到供应商发展的原理是为不同分级分类的供应商制定对应的供应商发展策略。供应商发展的总体方针是加强与优选类和可选类供应商的合作与协同；加强对受限类供应商的管理监督；淘汰可替换的淘汰类供应商。

（4）适用场景

①企业的供应商数量较多，需要提高部分供应商的绩效和质量水平，降低供应链的风险和成本。

②企业需要与供应商建立长期稳定的合作关系，共同发展和成长，实现供应链的优化和协同。

③企业需要加强对供应商的培养和发展，提高供应商的技术和管理水平，实现供应链的创新和协同。

④企业需要加强对供应商的风险管理和控制，降低供应链的风险和成本，提高供应链的可靠性和稳定性。

总之，采购人员要针对不同分级分类的供应商制定恰当的发展策略并监督执行，为企业降本增效。

12. 全生命周期采购管理

（1）策略定义

全生命周期采购管理是一种综合性的采购策略，它涵盖了从产品设计、生产、运营到退役的整个生命周期，旨在确保采购的产品在整个生命周期内都能满足企业的需求和要求。在这个过程中，采购团队需要与供应商紧密合作，从产品设计、生产、运营到退役的每个阶段都进行管理和监督。

（2）应用案例

一个典型的案例是通用电气（GE）的风力发电机项目。在该项目中，GE 的采购团队实施了全生命周期采购管理，从产品设计到产品退役的整个生命周期都进行了采购管理。

在产品设计阶段，GE 的采购团队与供应商合作，共同制定了零部件的设计和生产流程，并在采购过程中考虑了零部件的可持续性和环保性。

在产品生产阶段，GE 的采购团队与供应商保持紧密的合作关系，监督供应商的生产流程和产品质量，并与供应商共同解决生产过程中出现的问题。

在产品运营和维护阶段，GE 的采购团队与供应商合作，共同制定了产品维护计划，并监督供应商的维护过程，确保产品的性能和可靠性。

在产品退役阶段，GE 的采购团队与供应商合作，共同制定了产品回收和处理计划，确保产品的回收和处理符合环保和可持续性的要求。

通过努力，GE 成功地实现了对风力发电机项目的全生命周期采购管理，确保了产品的质量和可靠性，同时也为供应商和企业带来了更紧密的合作关系和商业利益。

(3)策略原理（见图1-4-12）

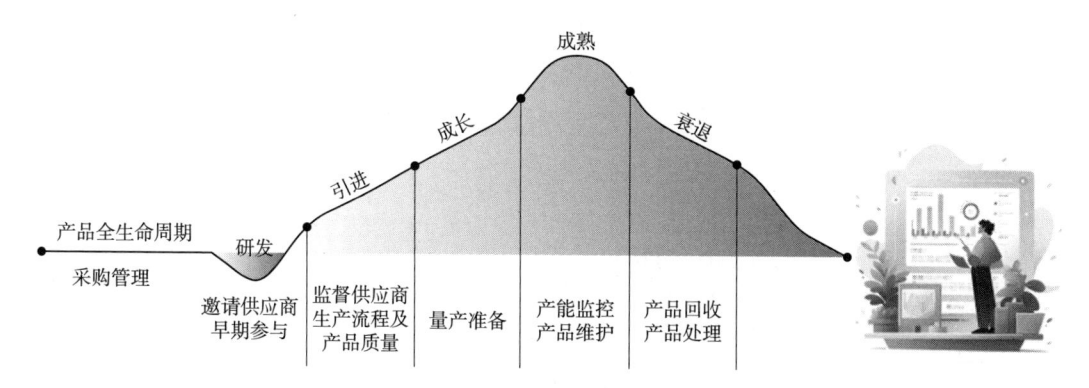

图 1-4-12　全生命周期采购管理策略原理

从原理图中，我们可以看到全生命周期采购管理的原理是在开发阶段，采购人员邀请供应商早期参与；在引进阶段，采购人员监督供应商生产流程及产品质量；在成长阶段，采购人员监督供应商做好量产准备；在成熟阶段，采购人员做好供应商产能监控和产品维护；在衰退阶段，采购人员协同供应商做好产品回收和处理。

(4)适用场景

①高端设备制造行业。例如，航空航天、医疗设备、半导体等领域，这些产品的生命周期长，需要耐久性好、可靠性高、质量稳定的供应商支持。

②新能源行业。例如，风力发电、太阳能、电池等领域，这些产品需要考虑可持续性和环保性等因素，需要与供应商共同制定产品的设计和生产流程。

③汽车制造行业。汽车的生命周期长，需要耐久性好、可靠性高、质量稳定的供应商支持，同时需要考虑汽车回收和处理的环保和可持续性要求。

④建筑行业。建筑材料的生命周期长，需要考虑材料的可持续性和环保性等因素，需要与供应商共同制定产品的设计和生产流程。

⑤化学制造行业。化学制品的生命周期长，需要考虑产品的安全性和环保性等因素，需要与供应商共同制定产品的设计和生产流程。

总之，任何需要对产品进行全生命周期管理的企业都可以采用全生命周期采购管理策略，从而确保产品的质量和可靠性，提高企业的竞争力和市场占有率。

因此，采购人员应该关注产品的全生命周期，在不同阶段采取不同的管理方法，为企业降本增效。

13. 战略合作

（1）策略定义

战略合作是指企业与供应商之间建立长期稳定的合作关系，通过共同制定战略目标、共享资源和信息、共同开发新产品、共同优化供应链等方式，实现双方的共同发展和竞争优势的提升。

与传统的采购合作不同，与供应商战略合作是一种更为深入和长期的合作关系，旨在实现双方的长期利益最大化。

（2）应用案例

某公司是全球知名的科技企业，某集团是一家全球领先的电子制造服务商。它们之间的关系是一种长期稳定的战略合作关系。

在合作中，科技企业与电子制造服务商共同制定了战略目标，共享资源和信息、共同开发新产品、共同优化供应链等。这种合作关系带来了降低成本、提高效率等多方面的收益。其中，降低成本是一个重要的收益点。

科技企业通过与电子制造服务商的合作，实现了成本的降低。这主要是通过电子制造服务商的规模效应、生产效率、采购优势等方面实现的。此外，科技企业通过与电子制造服务商的合作，实现了供应链的优化和效率的提高。电子制造服务商在全球范围内拥有一套完整的供应链体系，可以为科技企业提供优质的供应链服务。同时，电子制造服务商还可以通过自身的技术和管理经验，帮助科技企业提高供应链效率和效果。

（3）策略原理（见图1-4-13）

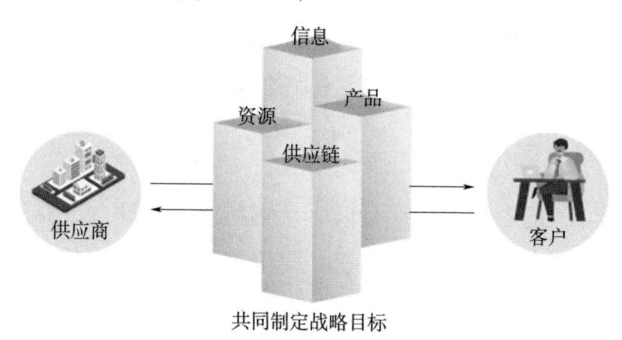

图 1-4-13　战略合作策略原理

从原理图中，我们可以看到战略合作的原理是企业和供应商共同制定战略目标，共同创造更多价值。

（4）适用场景

①如果企业的产品或服务的质量、成本、交付时间等方面受到供应商的影响较大，那么与供应商战略合作可以帮助企业掌控风险、提高产品质量和降低成本。

②如果企业需要快速响应市场需求，那么与供应商战略合作可以帮助企业快速调整供应链，提高供应链的灵活性和适应性。

③如果企业的供应链效率较低，那么与供应商战略合作可以帮助企业优化供应链，提高供应链效率和效果。

④如果企业需要提高产品质量和创新能力，那么与供应商战略合作可以帮助企业共同开发新产品和技术，提高产品质量和创新能力。

⑤如果企业的采购成本较高，那么与供应商战略合作可以帮助企业与供应商共同优化采购流程、降低采购成本。

总之，采购人员应主动识别战略供应商，与之定期交流，共同制定战略目标与合作计划，并监督合作计划的执行，为企业降本增效。

14. 优化利益共享机制

（1）策略定义

优化利益共享机制是指企业与供应商之间建立的一种合作机制，通过共担风险、共同创新、共享收益的方式，实现双方共同获益。这种机制涉及企业与供应商之间的合作关系、合作模式、合作目标、合作计划、合作风险等方面的内容。

优化利益共享机制需要建立在相互信任的基础上，双方需要明确各自的责任和权利，共同制定战略目标和计划，共享收益。

（2）应用案例

一家车灯制造企业每年都会向生产物料的供应商硬性派发年度降价目标。由于供应商的利润空间有限，年度降价目标越来越难以完成。因此，该企业调整了做法，除了派发年度降价目标还与供应商约定，如有降本提案，带来的降本结果可以抵扣年度降价目标。从此供应商降本的积极性显著提高，从规格冗余、质量过剩、材料国产化到包装优化等多个方面提出了诸多降本提案，取得了显著的降本结果。

通过优化利益共享机制，该企业有效地调动了供应商的降本积极性，缓解了供应商的利润压力，也缓解了采购部门的降本压力，超额完成当年的降本目标。

（3）策略原理（见图1-4-14）

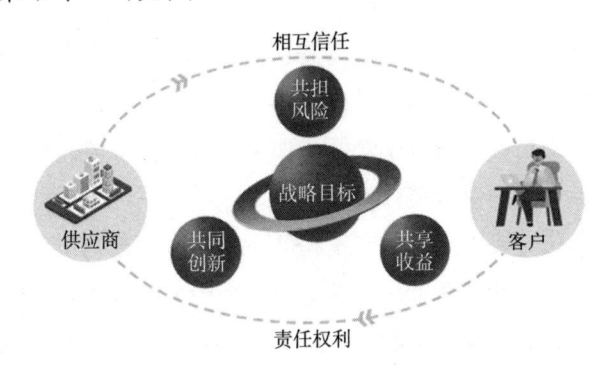

图1-4-14　优化利益共享机制策略原理

从原理图中，我们可以看到优化利益共享机制的原理是企业与供应商在共同创新、共享风险时，对所获得收益的分配机制进行优化，使供应商获得合理的回报，以鼓励供应商持续地与企业合作创造价值。

（4）适用场景

①企业需要通过与供应商的合作，降低采购成本、提高采购效率，提高供应链的整体效率。

②企业需要与供应商共同开发新产品、新技术、新工艺等，提高产

品质量和创新能力，提高市场竞争力。

③企业需要与供应商共同承担合作过程中的风险和责任，确保合作过程的顺利进行。

因此，针对能够为企业创造价值的供应商，采购人员应该优化利益共享机制，鼓励它们为企业降本增效。

15. 配额管理

（1）策略定义

配额管理是指在供应商管理中，为了实现采购目标和优化供应链，对供应商进行配额限制和管理的采购策略。

（2）应用案例

一家制造企业需要采购一批零部件，由于采购金额较大涉及多个供应商，企业采用了配额管理策略。

该企业对现有的供应商进行了评估和筛选，确定了三家合适的供应商。然后，企业对这三家供应商进行了配额控制。其中一家供应商的配额为60%；一家供应商的配额为30%；一家供应商的配额为10%。

通过配额管理企业成功地降低了采购成本和采购风险，提高了采购效率和质量。同时，该企业还与这三家供应商建立了长期稳定的合作关系，优化了供应商资源。

（3）策略原理（见图1-4-15）

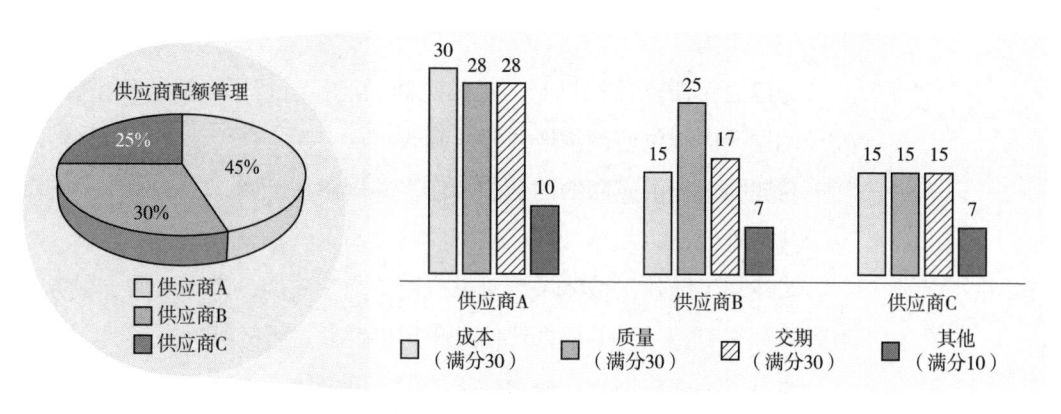

图1-4-15 配额管理策略原理

从原理图中，我们可以看到配额管理的原理是依据供应商的绩效表现分配采购订单的配额。

（4）适用场景

①采购金额较大时，多数供应商会增加采购管理难度和成本，少数供应商会增加采购风险管控。此时，通过配额管理，可以控制供应商的数量和订单比例，降低采购风险，提高采购效率。

②供应商的分级分类有差异时，通过配额管理可以奖优惩劣，获得更好的采购绩效。

因此，针对采购量大且多家供应的品类，采购人员应该通过配额管理为企业降本增效。

16. 优化供应商绩效

（1）策略定义

优化供应商绩效是指通过对供应商的绩效进行全面评估和管理，提高供应商的服务水平和质量水平，从而优化供应链管理的采购策略。

（2）应用案例

一家制造企业在开展供应商绩效管理时，发现有一家供应商的交货时间经常延误，产品质量也存在问题。为了优化供应商绩效，企业采取了以下措施：

①与供应商共同制定了明确的交货时间表，并在合同中明确了交货时间的约束力。

②建立了质量监控机制，对供应商的产品进行了全面的质量检测，发现问题及时与供应商沟通并要求其改进。

③加强了与供应商的沟通和合作，共同解决问题，提高供应商的责任心和合作意愿。

④建立了绩效评估体系，对供应商的交货时间、产品质量、服务态度等方面进行评估，并根据评估结果对供应商进行分级分类管理。

通过以上措施，企业成功优化了供应商绩效，提高了供应商的交货时间和产品质量，减少了生产线的停机时间和返工率，从而提高了企业的效率和盈利能力。同时，企业与供应商之间的合作关系也得到了加强，为企业未来的发展奠定了更加稳固的基础。

（3）策略原理（见图1-4-16）

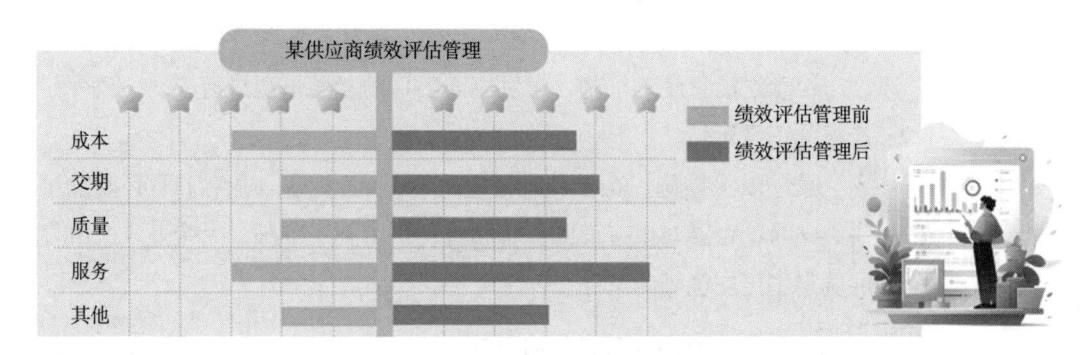

图1-4-16 优化供应商绩效策略原理

从原理图中，我们可以看到优化供应商绩效的原理是从成本、交期、质量和服务等方面提高供应商的绩效水平。

（4）适用场景

任何企业都需要优化供应商绩效，提高供应商表现。
因此，采购人员应该持续优化供应商绩效，为企业降本增效。

17. 管控供应商风险

（1）策略定义

管控供应商风险是指企业通过多种手段，识别、评估和监控与供应商相关的潜在风险，并采取适当的措施来降低或消除这些风险的采购策略。

（2）应用案例

一家医疗器械制造企业在开展供应商风险管控时，发现有一家供应商的资质存在问题，且其生产环境和质量管理体系不符合要求。为了管控供应商风险，企业采取了以下措施：

①建立供应商风险评估体系，对供应商的资质、财务、生产环

境、质量管理体系等方面进行评估，并根据评估结果对供应商进行分类管理。

②加强对该供应商的监督和管理，要求其改进生产环境和质量管理体系，并对其进行定期检查和审核。

③寻找备选供应商，对其进行评估，并在必要时进行调整和替换。

④建立紧急应对机制，对供应商出现的紧急情况进行应对，确保生产线的正常运转。

通过以上措施，企业成功管控了供应商风险，避免了不必要的损失。同时，企业对供应商的监督和管理也得到了加强，为企业未来的发展奠定了更加稳固的基础。

（3）策略原理（见图1-4-17）

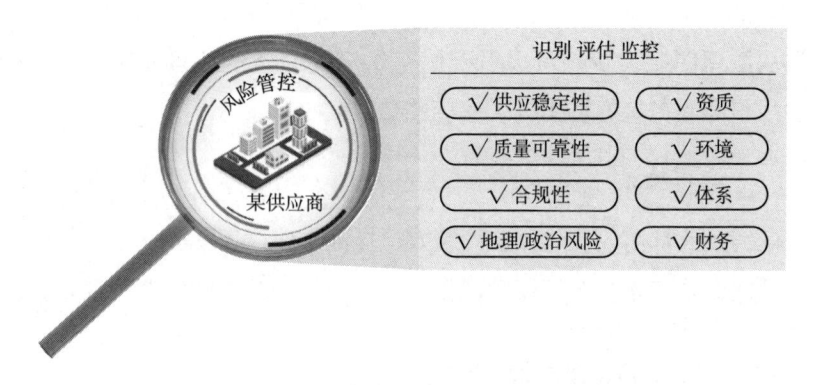

图 1-4-17　管控供应商风险策略原理

从原理图中，我们可以看到供应商的风险包括供应稳定性、质量可靠性、合规性、地理/政治风险、资质、环境、体系、财务等方面，需要采购人员制定风险管控措施。

（4）适用场景

①企业采购原材料、零部件、设备等物资时，需要对供应商进行风险评估和监控，以确保供应链的稳定和质量的可靠性。

②企业外包服务时，需要对服务供应商进行风险评估和监控，以确保服务质量和合规性。

③企业拓展新市场时，需要对当地供应商进行风险评估和监控，以

降低地理风险和政治风险。

④企业在供应链中存在单一供应商或关键供应商时，需要对其进行特别的风险评估和监控，以降低单点故障风险和连锁反应风险。

总之，采购人员应该关注供应商风险，采取措施管理风险，为企业降本增效。

18. 代理转原厂

（1）策略定义

代理转原厂是指从原来通过代理商购买产品或服务的方式，转而直接与原厂或制造商进行采购。这种策略的目的是降低采购成本、提高采购效率、增强对产品质量和供应链的控制能力。

（2）应用案例

一家化工企业以前通过代理商购买工业控制阀。随着该企业业务的增长，需要购买控制阀的数量也在增多，但代理商没有给予价格折扣或优惠。为了节约成本，采购人员决定直接与控制阀原厂联系，争取到了更低的价格。

这一成功案例启发了采购负责人，随即要求团队审查所有通过代理商购买的物品，直接与原厂洽谈价格。之后，他们陆续发现了可以转向原厂采购的机会，甚至发现了企业内部人员与代理商联合故意提高价格的违规行为。通过这些改变，他们成功降低了总体采购成本的3%。

（3）策略原理（见图1-4-18）

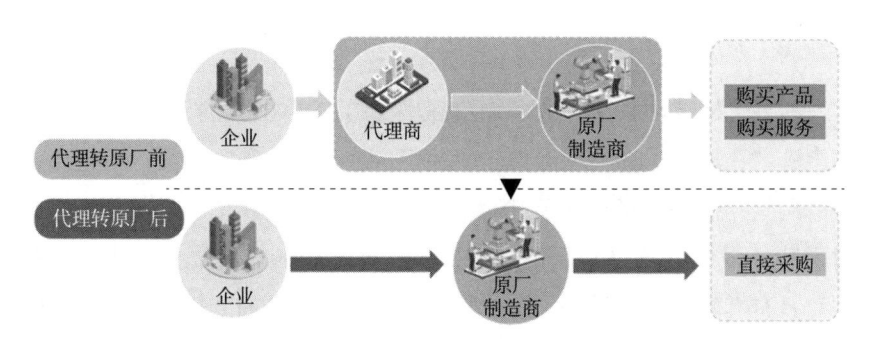

图1-4-18　代理转原厂策略原理

从原理图中，我们可以看出代理转原厂的要点在于企业与原厂制造商直接交易，取消中间环节，降低采购成本。

（4）适用场景

①企业采购成本较高或数量较多，希望通过直接与原厂合作降低采购成本。

②企业对产品质量有较高要求，希望通过直接与原厂合作提高产品质量控制。

③企业需要定制化产品或服务，希望通过直接与原厂合作获得更多定制化支持。

④企业希望建立更紧密的合作关系，获得原厂更多的支持和资源。

⑤企业发现代理商存在不规范行为或涉嫌价格操纵，希望直接与原厂合作避免风险。

因此，采购人员应特别关注从代理商购买的合理性，定期询问原厂，获得更加优惠的条件，为企业降本增效。

19. 原厂转贸易商

（1）策略定义

原厂转贸易商是指企业从原材料或产品的生产厂家直接采购转向与贸易商进行采购的行为。

这种转变可能是由于企业希望通过贸易商获取更多的市场信息、服务支持或灵活性，或者因为贸易商可以提供更低的价格、更多的定制化服务或降低采购风险。

（2）应用案例

许多价格波动频繁的大宗物料都呈现出这样的市场特点。当市场行情上涨时，原厂价格往往会低于贸易商价格，因此采购人员应该选择从原厂购买；而当市场行情下跌时，原厂价格往往会高于贸易商价格，此时采购人员应该选择从贸易商购买。这种市场特点形成的原因是，贸易商具有"春江水暖鸭先知"的特质，对市场行情的变化比原厂更加敏感，所以他们的价格调整时间通常会比原厂早一些。

鉴于这一现象，许多企业会在大宗物料的合格供应商库中同时保留原厂和贸易商，以便在不同市场行情阶段选择不同类型的供应商进行采购，从而降低采购成本。当然，有的贸易商还愿意为企业储备一定的安全库存并提供更短的交期，这也是从贸易商采购的优势。

（3）策略原理（见图1-4-19）

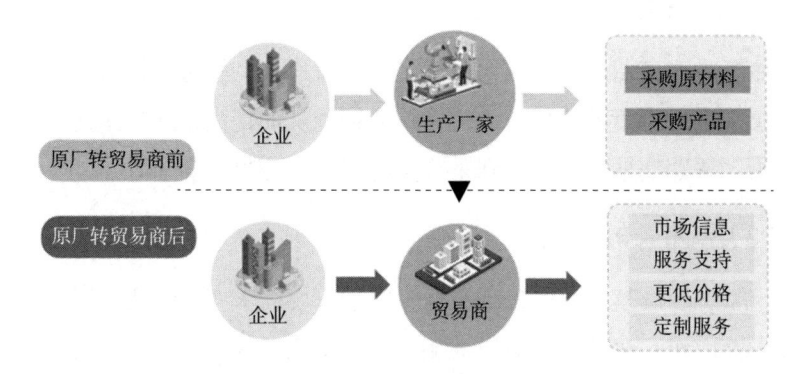

图1-4-19　原厂转贸易商策略原理

从原理图中，我们可以看出通过与贸易商合作，企业有可能获取市场信息、服务支持、更低价格或定制服务等原厂无法提供的有利条件。

（4）适用场景

①当企业需要更灵活的供应链和更快速的响应时，贸易商可以提供更快速的供货和支持。

②当企业需要更多的市场信息和行业趋势分析时，贸易商可以提供更丰富的市场情报和建议。

③当企业需要降低采购成本时，贸易商在行情下跌时可以提供更加优惠的价格。

④当企业需要降低采购风险或获得更多的采购保障时，贸易商通常能够提供更多的保障和支持。

⑤当企业需要拓展新市场或寻找新的合作伙伴时，贸易商通常具有更广泛的客户资源和渠道网络。

⑥当企业需要更多的售后服务和技术支持时，贸易商通常能够提供更全面的售后服务和技术支持。

总之，采购人员不能一味地排除贸易商，仅与原厂合作，而是应该识别不同类型供应商的优势并加以利用，以增加企业的成本优势，提升供应链的效率。

20. 缩短采购交期

（1）策略定义

缩短采购交期是指企业通过优化采购流程、加强供应链管理，以及提高供应商配合度等措施，缩短采购交期，从而提高企业的采购效率和竞争力。采购交期是指从收到采购申请到入库验收完成的时间。

（2）应用案例

一家生产汽车零部件的制造商，由于市场需求变化快速，产品设计需要不断改进，企业需要更快地响应市场变化，缩短采购交期便成为企业的重要策略之一。在签署框架协议、发送采购预测、严密监控供应商的交付过程等方面进行努力后，该企业成功将采购交期从原来的平均45天缩短到平均25天，并获得以下成果：

①采购交期缩短20天，降低了库存占用和资金占用，提高了资金周转率。

②来料准时成交率提高了50%，增强了企业的市场竞争力。

③客户满意度提高了20%，增强了企业的品牌形象和声誉。

（3）策略原理（见图1-4-20）

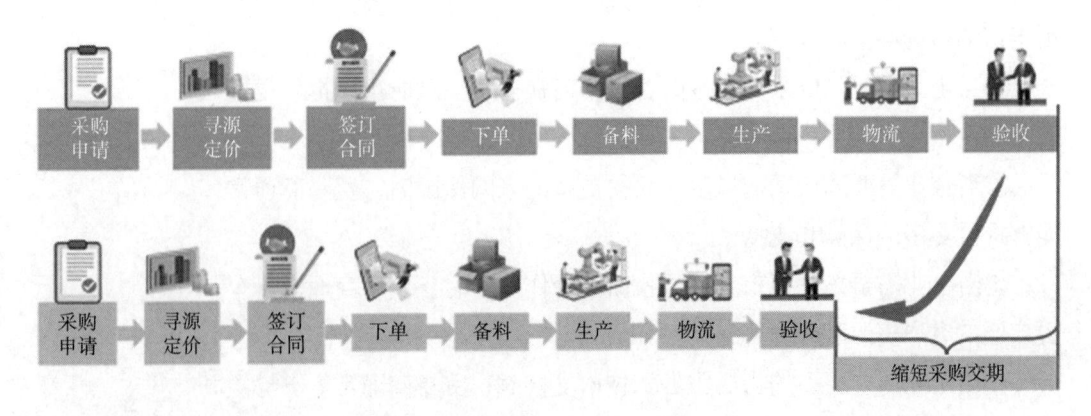

图1-4-20 缩短采购交期策略原理

从原理图中，我们可以看到采购交期包括接到采购申请、寻源定价、签订合同、下单、备料、生产、物流和验收等环节，只有缩短各环节的周期，才能缩短采购交期。

（4）适用场景

①市场需求变化频繁的行业，如市场需求变化快，产品生命周期短，企业需要更快地响应市场变化，缩短采购交期可以更快地满足市场需求。

②产品季节性需求强烈的行业，如冬季服装、春节年货等，企业需要在短时间内大量采购，缩短采购交期可以更快地满足季节性需求。

③供应链风险高的行业，例如原材料价格波动大、供应商质量不稳定等，企业需要更快地调整采购计划，缩短采购交期可以更快地应对供应链风险。

④在新产品开发和上市阶段，企业需要更快地采购原材料、零部件等，缩短采购交期可以更快地推出新产品。

总之，采购人员应该定期审视采购交期，寻找可以缩短的环节，为企业降本增效。

21. 削减最小起订量和最小包装量

（1）策略定义

削减最小起订量和最小包装量是指企业通过与供应商协商、谈判等方式，将供应商规定的最小起订量和最小包装量降低到更小的数量，以满足企业的实际需求。

（2）应用案例

一家小型制造企业在采购原材料时，发现有些供应商的最小起订量和最小包装量过高，导致企业库存积压，采购成本增加，影响了企业的生产和经营。为了削减最小起订量和最小包装量，企业采取了以下措施：

①与供应商协商，要求其降低最小起订量和最小包装量，并提供更加灵活的采购方式。

②寻找新的供应商，对其进行评估，选择最适合自己的供应商，以

便获得更加灵活的采购方式和更低的采购成本。

③与其他企业联合采购，共同采购原材料，以获得更低的采购成本和更加灵活的采购方式。

通过以上措施，企业成功削减了最小起订量和最小包装量，降低了采购成本，减少了库存积压，提高了企业的生产效率和经营效益。

（3）策略原理（见图1-4-21）

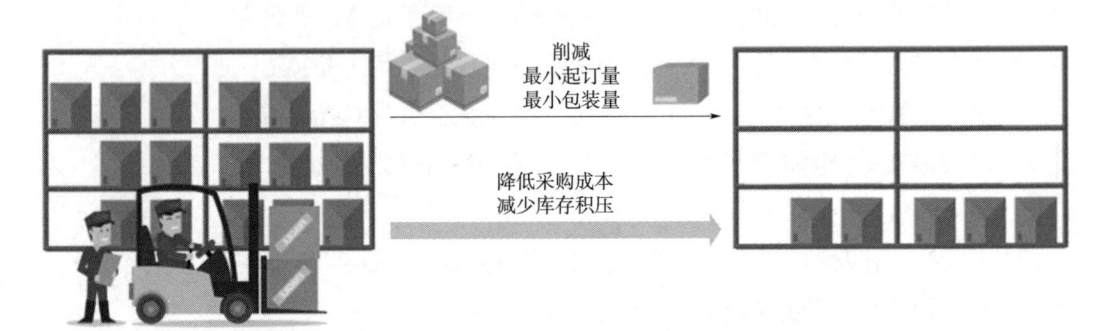

图1-4-21 削减最小起订量和最小包装量策略原理

从原理图中，我们可以看到削减最小起订量和最小包装量可以降低采购成本并减少库存积压。

（4）适用场景

①对于小型企业来说，虽然采购量较小，但供应商规定的最小起订量和最小包装量较高，导致采购成本过高和库存积压。削减最小起订量和最小包装量可以帮助企业降低采购成本，减少库存积压等问题。

②对于生产多品种、小批量的企业来说，每个品种的需求量较小，但供应商规定的最小起订量和最小包装量较高，导致采购成本过高和库存积压。削减最小起订量和最小包装量可以帮助企业降低采购成本，减少库存积压等问题。

③对于需求量不稳定的企业来说，供应商规定的最小起订量和最小包装量较高，可能导致采购成本过高和库存积压。削减最小起订量和最小包装量可以帮助企业更好地控制采购成本和库存成本。

因此，采购人员应该积极削减最小起订量和最小包装量，为企业降本增效。

22. 寄售

（1）策略定义

寄售是一种供货模式，是指供应商将自己的产品或原材料放在客户的仓库或店铺中，由客户进行领用或销售，供应商在产品或原材料被领用或销售后再向客户收取货款。

在寄售的过程中，供应商和客户需要签订寄售协议，明确双方的权利和义务，包括寄售期限、货款支付方式等。

（2）应用案例

一家家电企业生产电视机需要使用特殊的电视控制板，这种控制板由另外一家企业生产。由于这种控制板的生产周期较长，这家电视企业需要储备大量的库存以保证生产计划的顺利进行。但是，这也给企业带来了很大的库存成本和风险。

为了解决这个问题，这家电视企业与控制板供应商建立了寄售关系。控制板供应商将一定数量的控制板放在电视企业的仓库里，由电视企业领用。当采购额达到一定水平时，控制板供应商再向电视企业收取货款。这样，电视企业可以避免库存成本和风险，节约现金流。

（3）策略原理（见图1-4-22）

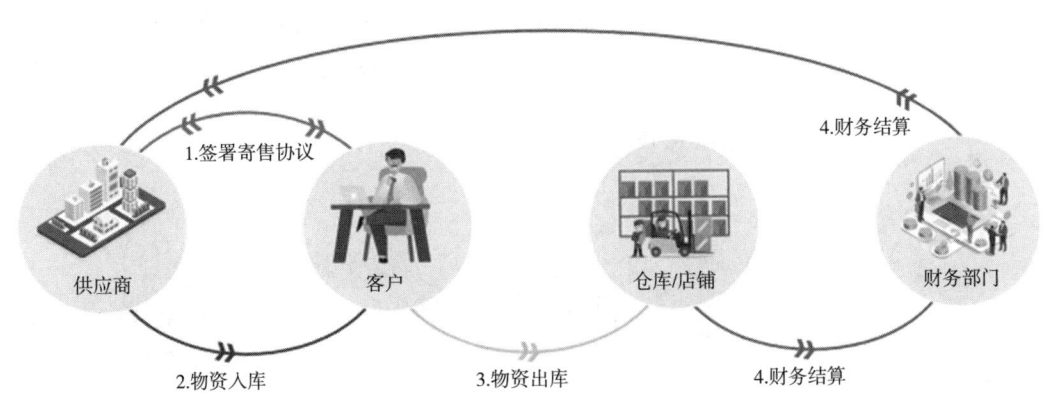

图1-4-22 寄售策略原理

从原理图中，我们可以看到寄售的原理是客户与供应商签署寄售协议，再将物资入库、出库、进行财务结算。

（4）适用场景

①供应商和客户之间存在一定的地理位置差异，可以通过寄售的方式降低物流成本和时间。

②供应商和客户之间存在一定的库存管理需求，寄售可以帮助双方降低库存成本和风险，提高供应链的效率和灵活性。

因此，采购人员应该主动识别寄售需求并加以推动，为企业降本增效。

23. VMI（供应商管理库存）

（1）策略定义

VMI是一种供应链管理模式，其中供应商负责管理客户的库存水平和库存补充。

（2）应用案例

一家汽车制造商与其零部件供应商合作实施VMI模式。在这个案例中，供应商负责监控汽车制造商的零部件库存水平，并根据生产计划和库存情况自主补充零部件。供应商与汽车制造商之间建立了实时的信息共享系统，以便及时了解库存情况和生产需求。

通过VMI模式，供应商能够更准确地预测零部件需求，避免库存积压和缺货现象。汽车制造商则受益于减少库存管理成本、降低库存风险，并实现生产计划的更好执行。双方通过VMI的合作，建立了更紧密的合作关系，提高了供应链的效率和灵活性。

（3）策略原理（见图1-4-23）

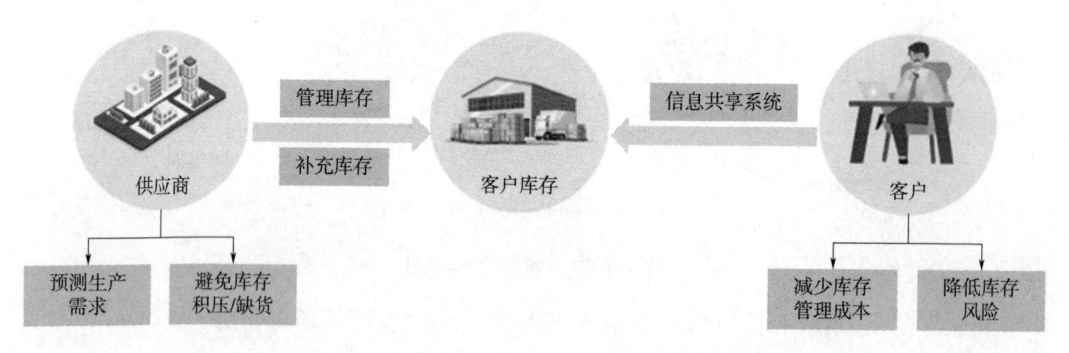

图1-4-23　VMI（供应商管理库存）策略原理

从原理图中，我们看到 VMI 可以帮助供应商依据预测管理库存，避免库存积压或缺货，同时帮助企业减少库存管理成本并降低库存风险。

（4）适用场景

①企业需要降低物料库存水平，避免库存积压，更有效地利用仓储空间，从而降低库存成本。

②企业需要提高库存周转率，降低资金占用成本。

③企业需要减少缺货风险，确保生产和销售的顺利进行。

因此，针对库存金额或库存量较大或缺货风险较大的物料，采购人员应积极推动供应商提供 VMI 服务，为企业降本增效。

24. JIT（准时生产）

（1）策略定义

JIT 是一种生产和库存管理方法，旨在通过在所需时间、所需数量、所需质量下实现生产和交付，以最大限度地减少库存水平和浪费。

（2）应用案例

一个典型的 JIT 应用案例是丰田汽车公司的生产系统。丰田汽车在 20 世纪 50 年代引入了 JIT 生产方式，即丰田生产方式，并取得了巨大成功。

在丰田的生产系统中，他们通过 JIT 原则实现了零库存生产。供应商根据实际需求定期向生产线供货，确保零部件在需要时准时到达，避免了库存积压和浪费。

现如今，较为普遍的 JIT 应用是针对体积大、近地供应且质量稳定的物料，为了不占用仓储场地，由供应商以小时为单位直接送货到生产线边，为企业节约库存和库位、提高生产效率。

（3）策略原理

从原理图中，我们可以看到想要实施 JIT 管理，客户需要在短时间内明确订单时间和数量，再由供应商按需生产并准时送达。

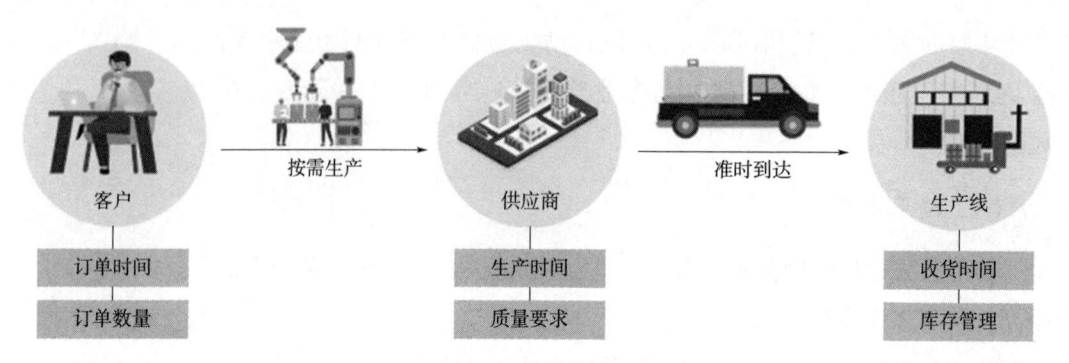

图 1-4-24　JIT (just-in-time) 策略原理

（4）适用场景

①企业需要降低物料库存水平，避免库存积压，更有效地利用仓储空间，从而降低库存成本。

②企业需要提高库存周转率，降低资金占用成本。

因此，采购人员应主动识别适用于 JIT 的物料，推动供应商提供 JIT 服务，为企业降本增效。

25. 循环取货

（1）策略定义

循环取货（milk run）是一种物流配送方式，也叫作奶箱式配送，是一种集中式物流配送模式。在循环取货模式下，物流车辆会按照预设的路线，依次到达多个供应商或客户的配送点，进行货物的逐一配送或收货，并在完成配送或收货后，再按照相同的路线返回起点或下一个配送点。

（2）应用案例

一家汽车制造商在长三角建立了一个循环取货模式的物流配送系统，用于向其生产线提供零部件。

该企业的零部件供应商分布在不同的地理位置，每个供应商都有不同的物流需求和配送周期。该企业每天派出一辆物流车辆按照预设的路线，依次到达各个供应商的配送点，进行货物的逐一配送或收货，并在完成配送或收货后，再按照相同的路线返回物流配送中心。

该企业通过循环取货模式，成功实现了多个供应商的物流需求集中配送，减少了物流车辆的行驶里程和空载率，降低了物流成本。同时，该企业还通过循环取货模式，提高了供应链协同和客户满意度，为其生产线的零部件供应提供了可靠的保障。

（3）策略原理（见图1-4-25）

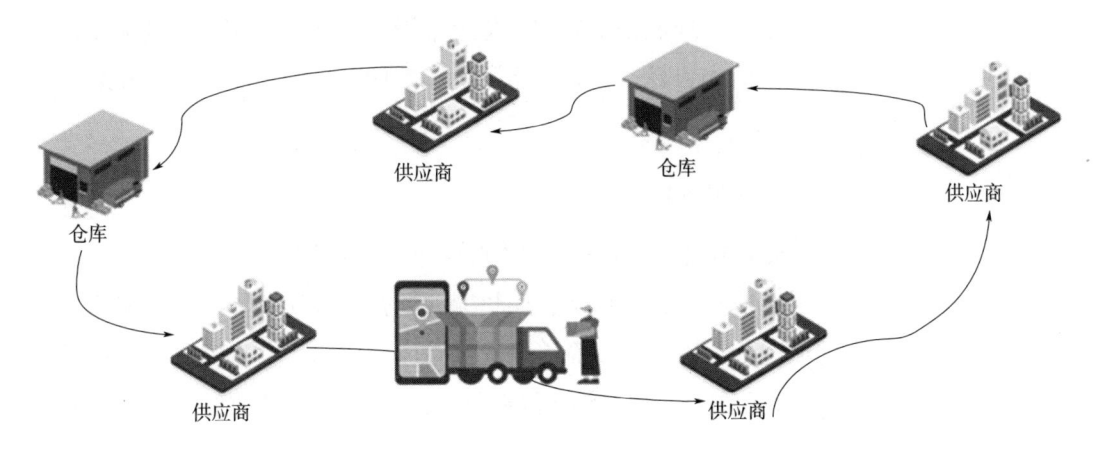

图1-4-25　循环取货策略原理

从原理图中，我们看到循环取货的原理是围绕供应商和仓库的闭环取货。

（4）适用场景

①当企业需要从一个区域内的多个供应商处采购物料或零部件时，可以采用循环取货模式进行物流配送。这样可以将多个供应商的货物集中起来，减少配送次数和成本，提高物流效率。

②当企业需要进行高频率的物流配送时，可以采用循环取货模式进行配送。这样可以按照预定的路线和时间表进行配送，提高配送效率和准确性，降低物流成本。

③当企业采用JIT模式时，可以采用循环取货模式进行物流配送。这样可以按照预定的时间表和路线进行配送，确保生产线上的物料和零部件及时供应，减少库存和成本。

因此，在具备条件的情况下，企业可以采用循环取货获得更多降本增效。

26. 双向联动

（1）策略定义

双向联动是指企业与上下游企业之间建立的紧密合作关系，旨在实现整个供应链的优化和协同。

在双向联动模式下，企业不仅是某个产品或服务的供应商，同时也是这个产品或服务的客户，与上下游企业建立紧密的合作关系，共同制定战略和目标，共同承担风险和责任，实现供应链的高效运作和优化。

（2）应用案例

一家物流设备企业与一家供应商建立了双向联动关系，该供应商不仅为该企业提供物流服务，还长期向该企业购买物流设备。在运力紧张的情况下，该供应商提出要涨价来应对成本上涨。采购人员意识到双方的联动关系，提议将涨价部分转嫁到该供应商从企业订购的物流设备上。

经过综合考虑，该供应商最终放弃了涨价要求，使得该企业能够在行情上涨时仍然保持物流服务的采购价格不变。通过这样的协商和权衡，该企业能够保持供应链的稳定性和可持续性，同时控制物流成本，确保物流服务的稳定供应。

（3）策略原理（见图1-4-26）

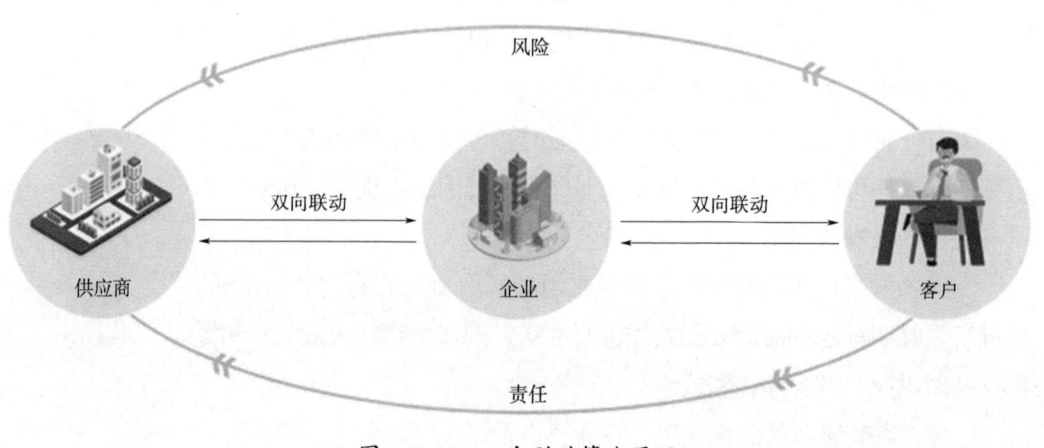

图1-4-26 双向联动策略原理

从原理图中，我们可以看到双向联动的原理是企业既是供应商又是客户，与上下游企业共担成本和供应等方面的风险与责任。

（4）适用场景

企业在与供应商建立合作关系时，不仅需要考虑如何选择和管理供应商，还需要考虑自己作为供应商的角色，如何与客户建立合作关系。

因此，采购人员应该识别双向联动的情况，利用双向联动规避风险，控制成本，为企业降本增效。

27. 供应商大会

（1）策略定义

供应商大会是指企业每年定期召开的供应商会议，旨在总结和评估过去一年的合作情况，分享企业的发展战略和计划，并与供应商共同制定下一年的合作计划和目标。

在供应商大会上，企业通常会向供应商介绍企业的业绩、市场发展情况、产品需求和质量标准等信息，同时也会听取供应商的意见和建议，以便更好地了解市场需求和供应链状况。

（2）应用案例

一家汽车制造商每年都会举办供应商大会，邀请所有的主要供应商参加。在大会上，汽车制造商会与主要供应商分享过去一年的合作情况，评价主要供应商的绩效，并与主要供应商共同制定下一年的合作计划和目标。

在2023年的供应商大会上，汽车制造商提出了一个新的合作计划，即要求主要供应商在生产过程中使用更加环保和可持续的材料和工艺。为了实现这个目标，汽车制造商向主要供应商提供了技术支持和培训，并与主要供应商共同研发了一些新的材料和工艺。

通过供应商大会，汽车制造商和主要供应商之间的合作关系得到进一步加强，供应链效率和效益得到提高，采购成本得到降低，产品质量得到提高，市场竞争力得到增强。

（3）策略原理（见图 1-4-27）

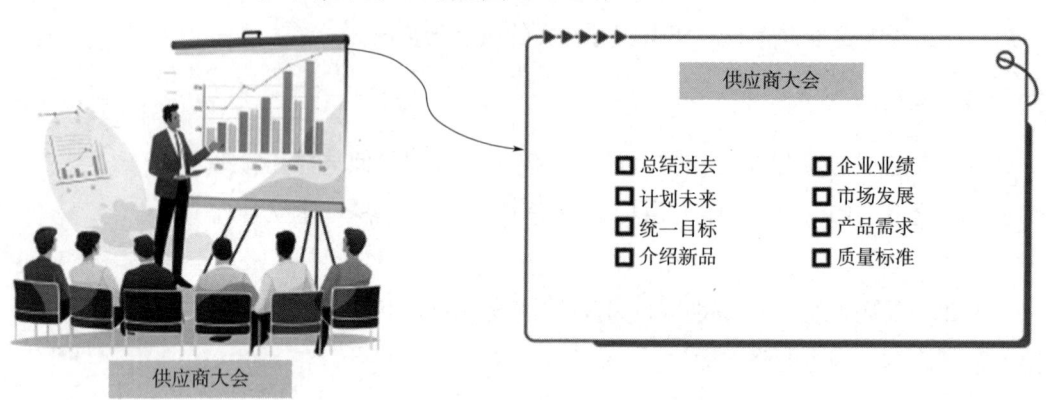

图 1-4-27　供应商大会策略原理

从原理图中，我们可以看到供应商大会的主要内容是总结过去、计划未来、统一目标和介绍新品等，以便统一供应商的思想，获得供应商的支持，为企业降本增效。

（4）适用场景

①企业需要与供应商总结过去一年的合作情况，评估供应商的绩效，以便更好地管理供应链，提高供应链的效率和效益。

②企业需要与供应商共同制订下一年的合作计划和目标，以适应市场的变化和需求，提高企业的市场竞争力。

③企业推出新产品时，可以在年度供应商大会上向供应商介绍新产品的特点、市场需求和质量标准，以便供应商更好地准备生产和供货。

因此，企业应该在具有一定采购规模的前提下定期召开供应商大会，加强与供应商的交流与合作，获得更多降本增效。

28. 绿色采购

（1）策略定义

绿色采购是指在采购过程中，考虑到环境保护和可持续发展的因素，选择具有较低环境影响的产品和服务，以减少对环境的负面影响并促进可持续发展。

绿色采购不仅仅是一种采购策略，更是企业履行社会责任、推动可持续发展的一种行为。

（2）应用案例

一家制造企业在采购原材料和零部件时，发现有些供应商的产品存在环境污染问题，不符合企业的环保要求。为了实现绿色采购，企业采取了以下措施：

①制定环保采购政策：明确了对供应商的环保要求和评估标准，以确保采购的产品符合环保要求。

②与供应商协商：要求其提供符合环保要求的产品，并提供环保证明文件和检测报告。

③对供应商的环保水平进行评估：对符合环保要求的供应商进行认证和奖励，对不符合环保要求的供应商进行整改和惩罚。

④加强员工的环保意识教育：提高员工对环保问题的认识和意识，以促进企业的环保管理和绿色采购。

通过以上措施，企业成功实现了绿色采购，提高了采购产品的环保水平，减少了环境污染和资源浪费，为企业的可持续发展做出了贡献。同时，企业也树立了良好的企业形象和品牌形象，为企业未来的发展奠定了更加稳固的基础。

（3）策略原理（见图1-4-28）

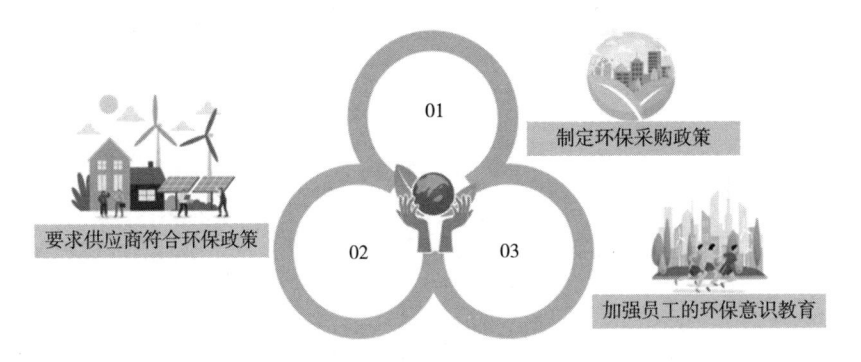

图1-4-28 绿色采购策略原理

从原理图中，我们可以看到绿色采购的原理在于制定环保采购政策、要求供应商符合环保政策并加强员工的环保意识教育。

（4）适用场景

①公共机构：政府、学校、医院等公共机构需要采购大量的产品和

服务，如办公用品、清洁用品、食品等。采用绿色采购可以降低这些机构的环境影响，促进可持续发展。

②制造企业：制造企业需要采购大量的原材料、设备和能源等，绿色采购可以降低生产过程中的环境影响，提高资源利用效率，促进可持续发展。

③酒店和旅游业：酒店和旅游业需要采购大量的食品、清洁用品、床上用品等，采用绿色采购可以提高客户的环保意识，提高企业的品牌形象和市场竞争力。

④零售业企业：零售业企业需要采购大量的商品，如服装、鞋帽、日用品等，采用绿色采购可以降低商品的环境影响，提高消费者的环保意识，促进可持续发展。

总之，任何机构和企业都有不同程度的绿色采购要求。因此，采购人员应该积极推动绿色采购，为企业降本增效。

第五章　合同管理

如何利用年度框架协议提升采购效率，如何优化合同条款以管控履约风险，以及如何利用长期合同发展供应商关系，都是合同管理需要解决的问题。在这个过程中，我们需要思考如何提升年度框架协议的比例，合同条款存在哪些风险，如何完善合同管理机制，以及如何正确利用长期合同。

在本章中，将介绍 4 个能够降低成本或提高效率的合同管理采购策略，见表 1-5-1，以帮助企业在合同管理方面取得更好的结果。

表 1-5-1　四个降本增效的合同管理采购策略

合同管理			
1. 提升年度框架协议占比	2. 优化合同条款	3. 建立合同管理机制	4. 签长约

1. 提升年度框架协议占比

（1）策略定义

提升年度框架协议占比是指企业通过制定和实施一系列策略，提高与供应商签订年度框架协议的比例，从而降低采购成本、提升采购效率，控制供应链风险和优化供应商关系。

（2）应用案例

一家电子企业一直把采购成本视为主要的开支之一。原先他们的采购方式是一单一议为主，后来为了提升效率，企业要求采购人员与供应商尽量签署年度框架协议，并将年度框架协议占比作为采购部门重要的绩效考核项。通过增加年度框架协议的比例，企业不仅成功拿到了更划算的价格，还避免了在一单一议中反复寻源定价和签署合同的麻烦，提高了采购人员的工作效率。

（3）策略原理（见图1-5-1）

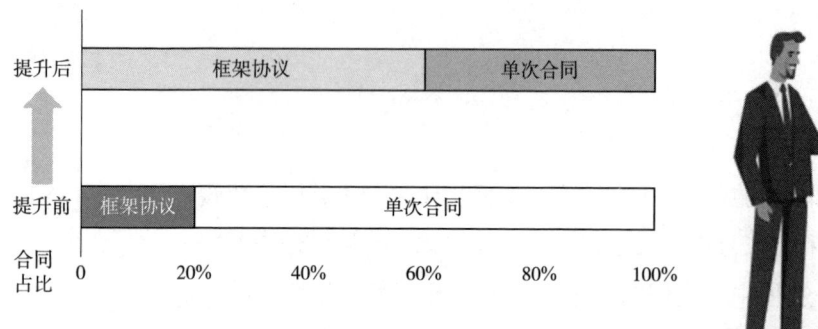

图 1-5-1　提升年度框架协议占比策略原理

从原理图中，我们可以看到提高框架协议在合同中的占比是该策略的关注点。

（4）适用场景

①如果企业的采购成本较高，那么提升年度框架协议的签订比例可以有效降低采购成本，提高采购效率和供应链风险控制。

②如果企业的采购量较大，那么签订年度框架协议可以保证采购量的稳定性和可靠性，降低采购成本和供应链风险。

③如果企业的采购周期较长，那么签订年度框架协议可以避免频繁的谈判和洽谈，提高采购效率和供应链稳定性。

④如果企业的采购品种较多，那么签订年度框架协议可以减少采购管理的复杂度，提高采购管理效率和供应链风险控制能力。

需要注意的是，当供应商的产品质量不稳定时，不要与供应商签署年度框架协议。

总之，采购人员应以应签尽签年度框架协议为原则，提升年度框架协议占比，为企业降本增效。

2. 优化合同条款

（1）策略定义

优化合同条款是指企业在签订合同时，通过制定合理、完善、具体、明确的合同条款，以规范合同的执行，保障双方的权益和义务，降低合同纠纷的风险，提高合同的效益和价值的采购策略。

（2）应用案例

一家企业与供应商签订了采购合同，合同中规定了产品数量、价格、交货时间等条款。但是，在实际执行过程中，供应商经常无法按时交货，导致企业生产计划受阻，影响了企业的生产效率和客户满意度。

为了解决这个问题，该企业对合同条款进行了优化。具体步骤如下：

①对合同中存在的风险点进行分析，发现供应商交货不及时是合同的主要风险点。

②针对供应商交货不及时的问题，制定了新的合同条款，规定了供应商应按时交货，否则将承担违约责任，包括赔偿企业的损失和支付违约金等。

③对制定的合同条款进行审核和修改，确保合同条款的合法性、合理性和完备性。

④将制定的合同条款与供应商进行协商，达成共识，确保合同条款的可接受性和可操作性。

⑤在合同条款达成一致的基础上，签订了新的合同，并加盖双方的公章。

⑥对新的合同进行管理和维护，及时更新和调整合同条款，确保合同的有效性和合规性。

⑦对新的合同进行执行和监督，确保供应商按时交货，及时解决合同执行中的问题和纠纷。

通过优化合同条款，该企业成功解决了供应商交货不及时的问题，提高了生产效率和客户满意度，同时也降低了合同纠纷的风险和成本。

（3）策略原理（见图1-5-2）

从原理图中，我们可以看到优化合同条款的原理是与法律法规保持一致、修正合同条款存在的问题和风险点，及时更新合同内容和调整合同条款。

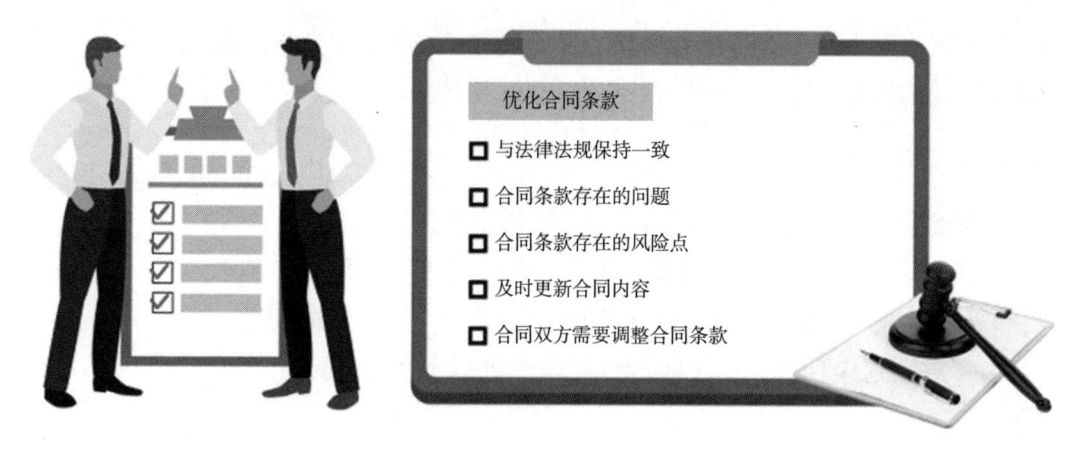

图 1-5-2　优化合同条款策略原理

（4）适用场景

①在合同执行过程中，发现合同条款存在问题或者无法满足实际需要时，可以优化合同条款，以便更好地解决问题。

②在合同中存在风险点或者风险较大的情况下，可以优化合同条款，以便更好地降低风险和规避风险。

③在合同期限到期或者合同内容需要更新的情况下，可以优化合同条款，以便更好地适应实际需要和市场环境。

④在合同内容需要与法律法规保持一致的情况下，可以优化合同条款，以便更好地确保合同的合法性和合规性。

总之，采购人员要通过优化合同条款降低采购活动中的法律法规和供应风险，为企业降本增效。

3. 建立合同管理机制

（1）策略定义

建立合同管理机制是指为了更好地管理和控制企业和供应商之间的合同，制定一套完善的制度、流程和管理模式，以便更好地管理合同、监督合同执行和维护合同的有效性和合规性。

（2）应用案例

一家国有企业，由于业务规模不断扩大，合同数量不断增加，合同管理效率和质量面临挑战。为此，该企业决定建立合同管理机制，提高合同管理的规范性和效率。具体步骤如下：

①确定建立合同管理机制的目标和范围，包括管理的合同类型、管理的流程和管理的标准等。

②制定合同管理制度，明确合同管理的原则、要求和流程，规范合同管理的各个环节和责任人。例如，制定了合同审批流程、合同管理标准等。

③建立合同管理流程，包括合同的起草、审批、签订、执行和维护等各个环节的具体流程和责任人，确保合同管理的及时性和高效性。

④建立合同管理平台，实现合同的电子化管理和归档，以便更好地管理和维护合同的有效性和合规性。

⑤对合同管理人员进行培训，提高合同管理人员的专业水平和业务素养，确保合同管理的质量和效率。

⑥建立合同管理绩效评估机制，对合同管理的各项指标进行定期评估和分析，以便更好地发现问题和提高管理水平。

⑦定期审查和修订合同管理机制，根据实际情况和管理需求，适时调整和优化合同管理机制，以确保其持续有效性和合规性。

通过以上步骤，该企业成功建立了合同管理机制，提高了合同管理的规范性和效率。

（3）策略原理（见图1-5-3）

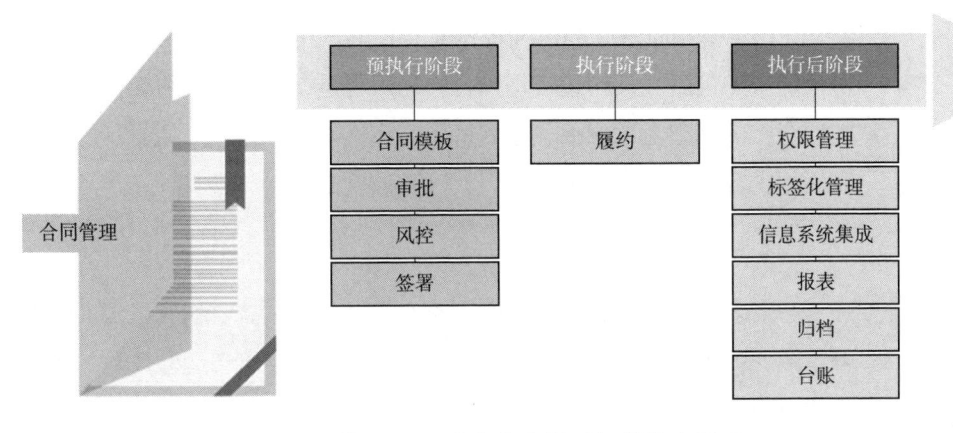

图 1-5-3　建立合同管理机制策略原理

从原理图中，我们可以看到建立合同管理机制包括预执行阶段的合同模板、审批、风控和签署管理，执行阶段的履约管理以及执行后阶段的权限管理、标准化管理、信息系统集成、报表、归档和台账。

（4）适用场景

①当企业的合同管理流程较为复杂，需要建立明确的合同管理制度和流程，以规范合同管理的各个环节和责任人，降低合同管理的风险和成本。

②当企业的合同管理效率较低，需要建立合同管理平台和专业的合同管理人员队伍，以提高合同管理的效率和质量，提高企业的竞争力和市场信誉度。

③当企业需要将合同管理实现信息化管理和归档，需要建立合同管理平台和电子化合同管理系统，以提高合同管理的信息化水平和管理效率。

④当企业的合同管理风险较高，需要建立合同管理机制和流程，以规范合同管理的各个环节和责任人，降低合同管理的风险和成本。

总之，企业应该建立合同管理机制，有效管控合同履约风险，为降本增效提供法律保障。

4. 签长约

（1）策略定义

签长约是指企业在与供应商签订合同时，主动提出并达成长期合作协议的采购策略。长约通常是指合同期限超过一年的合作协议，双方在长期合作的基础上达成的一系列协议，包括价格、数量、质量、服务等方面的内容。

（2）应用案例

一家建筑施工企业的工程项目地点较为分散，需要临时租赁大量公务车辆，但租赁数量和租期存在不确定性，租赁商出于运营风险的考虑租赁单价一般较高。

该企业通过谈判与优质租赁商签订框架协议，将公务车租赁由原来的一单一议改为三年的合作协议，约定该企业范围内未来三年的公务车辆租赁业务优先向其租赁，租赁商给予最优惠的价格。由于租赁商拿到了较为稳定的长期订单，车辆闲置率大幅减少，其当即新购了一批新能源车辆。该建筑施工企业不仅在车辆租赁价格上较往年下降了15%，且其后使用的车辆大多为新车，舒适度更高，燃油费更省，服务响应更及时。

（3）策略原理（见图1-5-4）

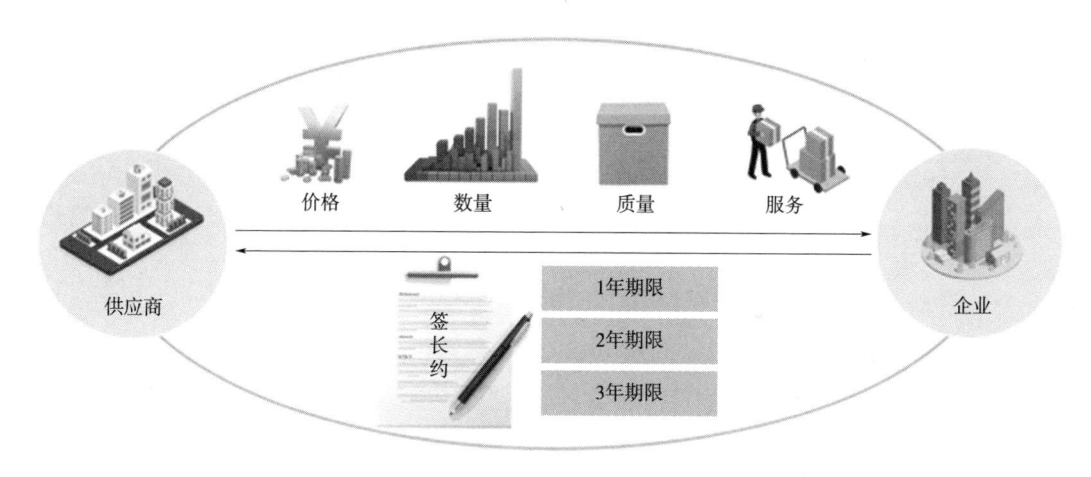

图1-5-4　签长约策略原理

从原理图中，我们可以看到长约的时间跨度一般在一至三年，但也不排除时间更长的可能。

（4）适用场景

①企业需要长期稳定的供应商来保障生产和销售，同时也需要稳定的市场来保障供应商的收益。签订长约可以为双方提供长期稳定的合作关系，减少不必要的风险和成本。

②当供应市场上出现少有的低价行情时，企业可通过签长约提前锁定低价，降低采购成本。

需要注意的是，长约虽然可以降低采购成本和风险，但需要双方建立良好的合作关系，确保合作协议的有效性和贯彻执行。企业需要保证每年的采购额达到合同约定，而供应商也需要保证物料或服务的质量和交货期等，确保达成长约的目标和意义。

因此，在符合适用场景的前提下，采购人员应该通过与供应商签长约为企业降本增效。

第二篇
采购管理策略

> 与采购业务不同,采购管理是指支撑采购业务的流程、数字化系统、绩效和组织,旨在让采购管理更加科学合理,采购业务更加高效合规。采购管理策略是指在相应的采购管理节点上,采购管理人员应制定或执行的策略。
>
> 在本篇中,将围绕采购管理内容,介绍38个采购管理策略,见表2-0-1。这些策略涵盖了流程管理、数字化管理、绩效管理和组织赋能四个方面,帮助大家更好地理解和应用采购管理策略,提升采购管理的能力和效果。

表 2-0-1　38 个降本增效的采购管理策略

采购管理策略			
流程管理	数字化管理	绩效管理	组织赋能
1. 建立采购管理流程	1. 增加系统提示功能	1. 建立绩效考核体系	1. 设立卓越运营岗位
2. 简化流程	2. 电子竞价	2. 跨部门共担采购绩效指标	2. 设立采购数字化管理岗位
3. 优化流程	3. 反向营销	3. 设定采购流程绩效	3. 借助专家的帮助
4. 优化信息流、审批流和业务流	4. 数字化合同管理	4. 选择合理的降本计算方法	4. 建立人才培养机制
5. 优化询价单	5. 商城化采购		5. 采购业务外包
6. 建立采购计划	6. 自动对账和付款		6. 提升谈判能力
7. 发送采购预测	7. 料号管理		
8. 优化计划协同机制	8. 提升系统反应速度		
9. 管控付款条件	9. 跨部门共享信息		
10. 费用报销	10. 一站式采购数字化管理平台		
11. 授权采购	11. 提升采购管理系统与其他系统的集成		
12. 供应商分级分类管理	12. 建立供应商画像		
13. 不相容岗位分离	13. 数据穿透		
14. 建立廉洁管理机制	14. 建立绩效指标仪表盘		

第六章 流程管理

不管就乱,一管就死。这句话是许多企业的采购流程管理水平的真实写照,也凸显了采购流程管理的难度。为了使得采购流程更加高效合规,我们需要思考采购流程的作用是什么,应该如何建立、简化和优化,应该在采购流程中设置哪些管理机制来解决采购业务的痛点问题。

在本章中,将介绍14个能够降低成本或提高效率的采购流程管理策略,见表2-6-1,以帮助企业在采购流程管理方面取得更好的结果。

表2-6-1 14个降本增效的采购流程管理策略

流程管理				
1.建立采购管理流程	2.简化流程	3.优化流程	4.优化信息流、审批流和业务流	5.优化询价单
6.建立采购计划	7.发送采购预测	8.优化计划协同机制	9.管控付款条件	10.费用报销
11.授权采购	12.供应商分级分类管理	13.不相容岗位分离	14.建立廉洁管理机制	

1. 建立采购管理流程

(1)策略定义

建立采购管理流程是指在组织内建立一套规范、系统的采购管理程序和流程,以确保采购活动的高效性、透明度和合规性。这包括明确采购需求、制定采购计划、供应商评估和选择、合同签订、采购执行、对账与付款申请等一系列步骤。通过建立规范的采购管理流程,企业可以更好地控制采购成本、确保采购品质、降低风险,并提高采购效率和绩效。

(2)应用案例

一家制造企业意识到过去的采购方式存在效率低下、成本高昂和风险较大的问题,因此决定建立一套规范的采购管理流程。

①公司设立采购管理部门，负责收集、审查和确认各部门的采购需求，并制订采购计划。

②由采购管理部门建立供应商数据库，对潜在供应商进行评估，包括供货能力、质量控制、价格竞争力等方面，然后制定供应商选择标准，并进行供应商筛选。

③由采购人员与选定的供应商进行谈判，制定合同条款，明确供货数量、质量标准、交付时间、价格等内容，并签订正式合同。

④由采购人员跟踪采购订单的执行情况，确保按时交付，并与供应商保持沟通，及时解决问题。

⑤由采购人员定期与供应商对账，收集发票后制作付款申请，并跟进付款进度。

通过建立这样的采购管理流程，该制造企业可以更好地控制采购成本、提高采购效率、降低风险，从而实现更加有效的采购管理。

（3）策略原理（见图2-6-1）

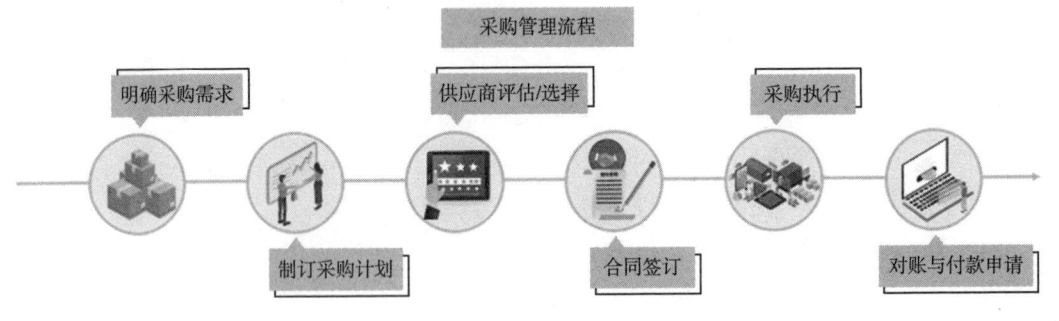

图2-6-1 建立采购管理流程策略原理

从原理图中，我们可以看到一个完整的采购管理流程应包含的主要环节。

（4）适用场景

①对于需要大量原材料、零部件或服务的企业，建立采购管理流程可以规范和管理复杂的采购活动，确保采购的及时性和准确性。

②对于需要降低采购成本的企业，建立采购管理流程可以优化采购流程，提高采购效率，降低采购成本，包括通过供应商谈判和合同管理等方式实现成本节约。

③对于需要提升采购效率和质量的企业，建立采购管理流程可以提高采购效率，减少重复工作和错误，提升采购质量，确保采购品质符合要求。

因此，凡是具有一定规模的企业都应该建立采购管理流程，规范采购业务行为，有效控制采购成本，提升采购效率。

2. 简化流程

（1）策略定义

简化流程是指通过评估采购流程，减少不必要的环节和程序，从而提高采购效率和降低采购成本的采购策略。

（2）应用案例

一家国企过去的采购流程非常烦琐，采购周期长，采购成本高，效率低下。为了解决这些问题，该企业实施了一系列的采购流程改革措施，包括：

①重新设计采购流程，取消了一些不必要的环节和程序，如需求部门、管理部门、采购部门、法务部门和财务部门的领导都需要对采购合同进行签批，从而加快了采购速度，降低了采购成本。

②将招投标的使用范围从原先的100万元以上全品类限制到仅限于200万元以上的工程类和设备类，从而大大提升采购效率，节约了各相关部门的人力资源。

通过这些措施，该企业的采购流程得到了有效改善，采购效率得到了提高，采购成本得到了降低。

（3）策略原理（见图2-6-2）

从原理图中，我们可以看到简化流程的原理在于识别流程中的冗余活动并进行剔除，从而达到简化流程的目的。

（4）适用场景

①企业采购流程过于复杂，环节繁多，程序烦琐，导致采购效率低下，采购成本高昂，需要采取措施进行简化。

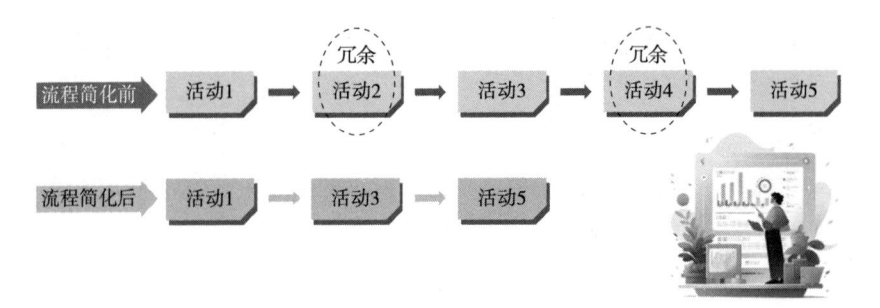

图 2-6-2　简化流程策略原理

②企业采购流程周期过长，导致供应链管理不畅，采购效率低下，需要采取措施缩短采购周期，提高采购效率。

③企业采购成本过高，需要采取措施降低采购成本，其中简化采购流程是一个有效的策略。

总之，采购人员应该主动识别采购流程中的冗余活动，通过简化流程为企业降本增效。

3. 优化流程

（1）策略定义

优化流程是指根据不同采购品类的特点和需求，对采购流程进行差异化的优化和改进，以提高采购效率和降低采购成本的采购策略。

（2）应用案例

一家制造企业的采购部门在采购原材料时遇到了一些问题，如采购周期长、采购成本高、供应链不稳定等。为了解决这些问题，该企业采取了按品类差异优化采购流程的措施，对原材料的采购需求进行了分析和评估，发现原材料采购的品类比较多，需要制定不同的采购策略和流程。于是，该企业采取了以下措施：

①对于大宗原材料采购，增加年度采购计划流程，采用集中采购的方式，与供应商签订长期合同，确保供应链的稳定性和价格的可控性。

②对于小批量原材料采购，增加电子商城采购流程，通过互联网平台进行采购，降低采购成本和采购周期。

③对于特殊原材料采购，采用定制化的采购流程，与供应商进行深入沟通和合作，确保采购产品的质量和性能符合企业的需求。

通过按品类差异优化采购流程，该企业取得了显著的效果，采购交期缩短了30%，采购成本降低了6%，供应链稳定性得到了提高，为企业的生产和经营提供了有力的支持。

（3）策略原理（见图2-6-3）

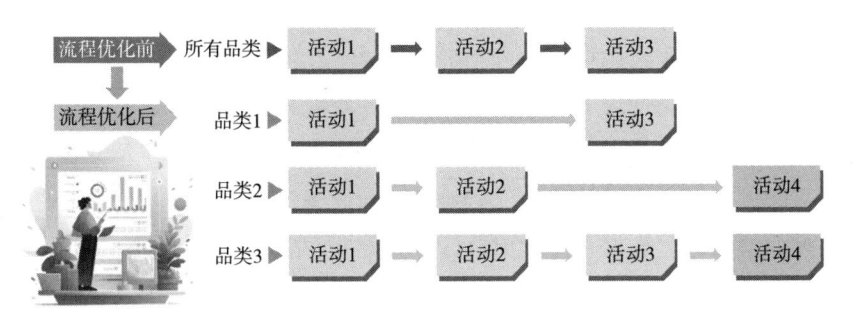

图 2-6-3　优化流程策略原理

从原理图中，我们可以看到优化流程的原理是按照品类属性区分流程活动，再加以优化。

（4）适用场景

具有生产物料、运维物资、服务、工程、设备等差异化品类的企业需要按品类属性建立差异化的采购管理流程，针对不同品类和业务场景进行流程管理，从而提升采购效率。

因此，采购人员应该按品类属性识别采购流程的优化机会，通过优化流程为企业降本增效。

4. 优化信息流、审批流和业务流

（1）策略定义

优化信息流、审批流和业务流是指通过对采购流程中的信息传递、审批和业务操作等环节进行分析和改进，实现采购流程的优化，提高采购效率和准确性，降低采购成本和风险，同时提高采购管理的质量和合规性。

通常，信息流应快于审批流，审批流应快于业务流，才能把采购业务的效率提到最高。

（2）应用案例

一家企业的采购流程烦琐、效率低下，导致采购周期长、成本高。为了解决这一问题，该企业决定优化采购的信息流、审批流和业务流。

原先，当需要采购某个物资或服务时，因采购申请中的需求信息填写不完整，采购人员需要与需求部门反复确认，无法立即创建采购订单并申请审批，是信息流慢于审批流的典型表现。之后，采购人员会创建采购订单并提交给多位上级领导审批。在这个过程中，采购人员处于等待采购订单审批完成的状态，影响了采购业务效率，是审批流慢于业务流的典型表现。为了不影响采购业务效率，有的采购人员会提前通知供应商准备物资或服务的交付，以便启动业务，但是这种未经审批便通知供应商的行为却给采购业务带来了风险。

为了规范采购业务，使得信息流快于审批流，审批流快于业务流，该企业决定优化采购流程，例如，建立采购需求提报标准，提升采购申请填写的完整性与正确性，使信息流的传递快于审批流；规定 30 000 元以下的采购订单不审批，30 000 元以上的采购订单只要一位授权领导审批。一旦采购订单得到批准，采购人员会立即将采购订单发送给供应商。一旦收到采购订单，供应商会立即开始准备物资或服务的交付，在企业的需求日期到达前完成交付，使得审批流能够快于业务流。

通过优化信息流、审批流和业务流，该企业取得了显著的效果。采购交期缩短了25%，企业的采购效率得到了提高。

（3）策略原理（见图 2-6-4）

从原理图中，我们可以看到优化信息流、审批流和业务流的要点在于信息流要快于审批流，审批流要快于业务流，才能提高采购效率和准确率，降低采购成本，提高采购管理的质量和合规性。

（4）适用场景

①如果企业的采购流程烦琐、效率低下，需要耗费大量时间和人

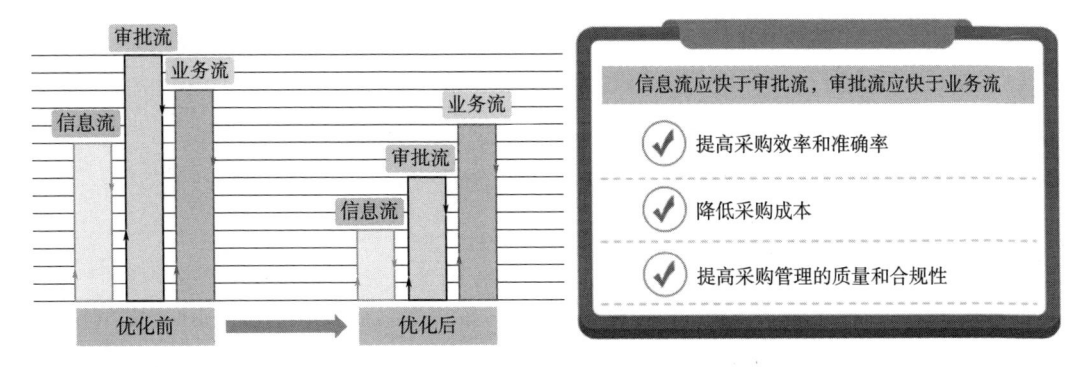

图 2-6-4 优化信息流、审批流和业务流策略原理

力，就需要优化采购的信息流、审批流和业务流，提高采购效率和准确性。

②如果企业在采购过程中缺乏准确、完整、及时的信息，会导致采购决策不准确，增加采购成本和风险，就需要优化采购的信息流。

③如果企业的采购业务流程复杂、不规范，容易出现重复采购、采购错误等问题，就需要优化采购的业务流，降低采购成本和风险。

总之，企业应该主动审视信息流、审批流和业务流，对于不符合原理的信息流、审批流或业务流进行优化，获得更多降本增效。

5. 优化询价单

（1）策略定义

优化询价单是指在采购过程中，对询价单的内容、格式、编写方式等方面进行改进和优化，以提高询价效率、减少沟通成本、降低采购成本和提高采购质量。

（2）应用案例

一家企业的采购部门需要采购一批电子元器件，但是在编写询价单时，由于询价单的内容不清晰、要求不明确，导致供应商对产品的理解存在偏差，进而导致采购的电子元器件与企业的需求不符，严重影响了采购质量和采购效率。

为了解决这个问题，该企业的采购部门决定优化询价单，具体做法如下：

①删除冗余和重复的信息，只保留必要的信息，使询价单更加简洁明了。

②采用标准的询价单格式，使供应商易于理解和操作。

③在询价单中详细描述产品的技术要求、质量标准、交货期限等信息，确保供应商理解清楚。

④解答供应商的疑问和困惑，确保采购的产品符合企业的需求。

通过以上优化措施，该企业的采购部门成功地优化了询价单，提高了询价单的质量和效率，从而提高了采购效率和采购质量，减少了采购成本和沟通成本，为该企业的采购工作提供了有力的支持和保障。

（3）策略原理（见图 2-6-5）

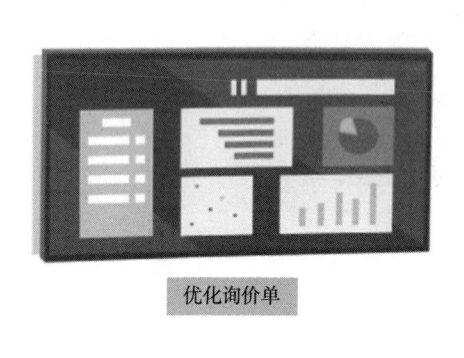

图 2-6-5 优化询价单策略原理

从原理图中，我们可以看到优化询价单要达到的效果是内容清晰、要求明确和简洁明了。

（4）适用场景

①对于采购量较大、采购种类较多的企业，采购部门需要频繁地编写询价单。如果询价单的内容、格式、编写方式等方面没有得到优化，将会浪费大量的时间和精力。因此，这类企业适合优化询价单，以提高采购效率和降低采购成本。

②对于采购周期较长的企业，采购部门需要与供应商进行多次沟通和协商，如果询价单的内容不清晰、要求不明确，将会增加沟通成本和时间成本。因此，这类企业适合优化询价单，以降低沟通成本和时间

成本。

③对于需要保证采购质量的企业，询价单的内容和要求必须要清晰明确，以确保供应商能够按照要求提供符合企业需求的产品。因此，这类企业适合优化询价单，以提高采购质量。

总之，采购人员应该重视询价单的标准化编写，通过优化询价单为企业降本增效。

6. 建立采购计划

（1）策略定义

建立采购计划是指根据企业各部门的未来采购需求，制定明确采购计划的策略。采购计划通常包括收集采购需求信息、确定采购目标、确定采购策略、制定采购预算、制定采购时间表，以及对采购计划的执行与监控。

采购计划是采购管理流程的重要组成部分，通过合理的规划和安排，可以帮助企业更好地控制采购成本、确保采购品质、降低风险，并提高采购效率和绩效。

（2）应用案例

一家制造企业需要采购原材料和零部件用于生产产品，为了更好地管理采购活动，他们决定建立一个采购计划，包括：

①确定采购需求。制造企业根据生产计划和销售预测，确定下一个季度需要采购的原材料和零部件的数量和时间。

②制定采购目标。制造企业的采购目标包括降低采购成本、提高采购效率、确保供应稳定和提高产品质量。

③确定采购策略。制造企业制定供应商评估标准，选择一批可靠的供应商，并制定谈判策略和合同管理规定。

④制定采购预算。制造企业根据采购需求和目标，制定下一个季度的采购预算，明确资金来源和分配。

⑤制定采购时间表。制造企业确定了采购活动的时间表，包括采购计划的执行时间、交付时间等，确保采购活动按计划进行。

⑥监控和调整。制造企业设立采购管理团队，定期监控采购计划的执行情况，及时调整和优化采购策略，确保采购计划的顺利实施。

通过建立采购计划，该制造企业能够更好地整合采购需求，管理采购活动，提高采购效率，降低成本，确保供应稳定和产品质量，从而为企业的生产经营提供有力支持。

（3）策略原理（见图2-6-6）

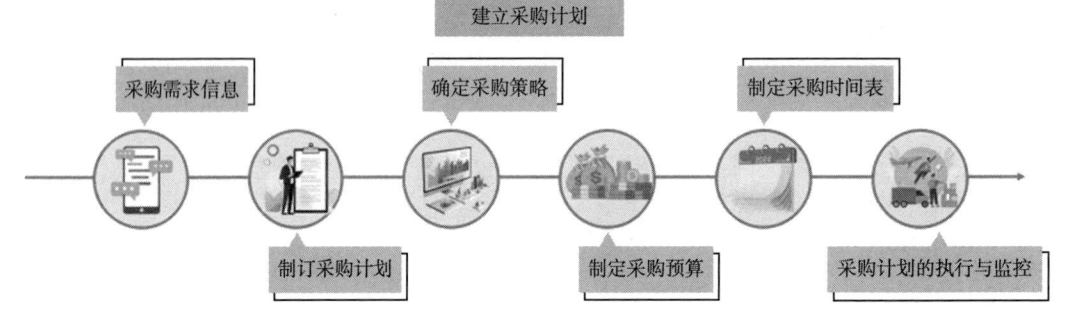

图2-6-6 建立采购计划策略原理

从原理图中，我们可以看到建立采购计划需要收集的信息和考虑的因素。

（4）适用场景

①当企业涉及多个供应商、多种原材料或零部件，以及多个采购项目时，建立采购计划有助于整合需求、统一管理和协调各项采购活动。

②对于采购成本较高，以及对产品质量和生产效率影响较大的物料，建立采购计划可以更好地控制成本、确保品质，并降低风险。

③对于需要长期筹备和执行的采购项目，如引进新产品线、开发新供应商等，建立采购计划可以帮助企业提前规划和准备，确保项目顺利进行。

④对于季节性需求波动较大的行业，如零售、餐饮等，建立采购计划可以更好地应对需求变化，避免库存积压或供应不足的情况发生。

⑤建立采购计划可以帮助企业不断监控和评估采购绩效，及时调整和优化采购策略，实现采购流程的持续改进和提升。

总之，企业应该建立采购计划，监督执行，提前整合需求和供应商资源，实现更多降本增效。

7. 发送采购预测

（1）策略定义

发送采购预测是指企业在采购计划编制过程中，将自己对未来一段时间内的采购需求进行预测和估算的信息，通过采购平台、电子邮件或数字化系统等方式，及时发送给供应商的采购策略。

（2）应用案例

一家生产家具的企业，在与供应商的合作中发现，由于采购订单的提前期不够，导致供应商无法及时准备物料，从而影响了生产进度和产品质量。为了解决这个问题，企业开始向供应商发送采购预测，让供应商提前了解到自己的采购需求和计划。

在实施采购预测后，企业发现供应商能够更加及时地准备物料，从而生产进度得到了保障，产品质量也得到了提高。同时，企业也更加准确地了解了自己的采购计划，降低了采购成本，提高了采购效率和响应速度。

（3）策略原理（见图 2-6-7）

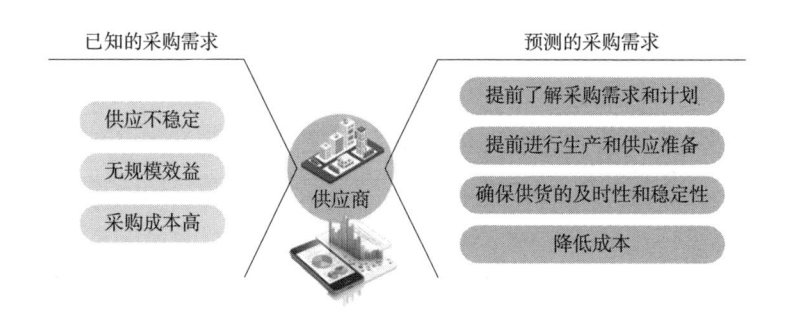

图 2-6-7 发送采购预测策略原理

从原理图中，我们可以看到发送预测可以帮助供应商提前了解采购需求和计划，提前进行生产和供应准备，确保供货的及时性和稳定性，降低采购成本。而仅凭已知的采购需求购买，由于提前期很短，会造成供应不稳定、无规模效益和采购成本高的问题。

（4）适用场景

①当企业的采购计划长期稳定，且采购物料种类和数量相对固定时，可以通过向供应商发送采购预测，让供应商提前了解到自己的采购需求和计划，从而更好地进行生产和供应准备，提高供货的及时性和稳定性。

②当企业采购的物料采购周期较长，需要提前准备和下单时，可以通过向供应商发送采购预测，让供应商提前了解到自己的采购需求和计划，从而更好地进行生产和供应准备，避免因采购周期过长而导致的物料短缺和生产延误。

因此，采购人员应该在具备条件的情况下向供应商发送采购预测，令供应商提前做好供应准备，为企业降本增效。

8. 优化计划协同机制

（1）策略定义

优化计划协同机制是指企业在采购计划和物料需求计划之间建立起紧密的联系和协作机制，以确保企业的采购计划和物料需求计划能够有效地协同工作，实现企业的生产和经营目标。

（2）应用案例

一家制造企业在优化采购计划和物料需求计划的协同机制上取得了成功。该企业在生产过程中需要大量的原材料和零部件，但由于缺乏有效的物料需求计划和采购计划，经常出现物料短缺或过剩的情况，导致生产停滞或物料浪费。

为了解决这个问题，该企业引入了一套物料需求计划和采购计划的协同系统，通过该系统，该企业可以实时了解各种物料的需求情况和库存情况，根据生产计划和销售预测进行物料采购和库存管理。此外，该系统还可以与供应商进行信息共享和沟通，及时调整采购计划和物料供应计划，以适应生产和市场的变化。

经过一段时间试运行，该企业的物料需求计划和采购计划得到了有效的优化和协同，物料短缺和浪费的情况得到了明显的改善，生产和经营效率得到了提高，同时也降低了采购成本和库存成本，提高了客户满意度和企业竞争力。

（3）策略原理（见图2-6-8）

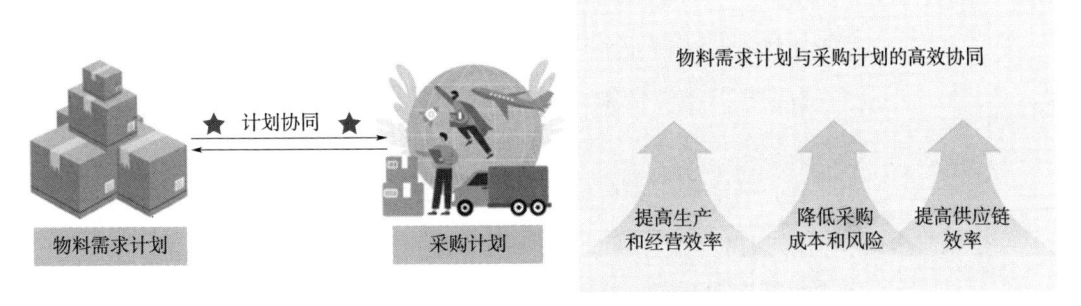

图 2-6-8　优化计划协同机制策略原理

从原理图中，我们可以看到优化计划协同机制的原理在于物料需求计划与采购计划的高效协同，以便提高生产和经营效率，降低采购成本和风险，提高供应链的效率。

（4）适用场景

①企业生产和经营规模较大，物料需求量较大，需要进行有效的物料需求计划和采购计划协同，以确保生产和经营的顺利进行。

②企业的供应链较长，需要与多个供应商进行协作和沟通，需要建立起采购计划和物料需求计划之间的有效联系和协作机制。

③企业的产品种类较多，需要对不同的物料进行分类和管理，需要建立起采购计划和物料需求计划之间的精细化管理机制。

④企业的生产和经营需要高度灵活性，需要对采购计划和物料需求计划进行及时调整和优化，需要建立起采购计划和物料需求计划之间的信息共享和沟通机制。

总之，企业应该优化计划协同机制，获得更多降本增效。

9. 管控付款条件

（1）策略定义

管控付款条件是指企业在与供应商签订合同时，规定付款条件并对其进行管理和控制的采购策略，以确保企业的资金安全和供应链稳定。

（2）应用案例

一家制造企业原先未对付款条件进行管控，导致不同的采购人员在与供应商签订合同时所使用的付款条件五花八门，而且部分合同中的预付款比例要高于行业水平。

看到付款条件乱象，该企业决定管控付款条件，按照二八原则，仅保留常用的付款条件。对于预付款，该企业采用多级审批的严格管控形式，有效地控制了预付款条款的使用和预付款的比例。

通过管控付款条件，该企业降低了与供应商合作的风险，减少了预付款的频次和金额，节约了部分资金，是一种值得推广的采购策略。

（3）策略原理（见图2-6-9）

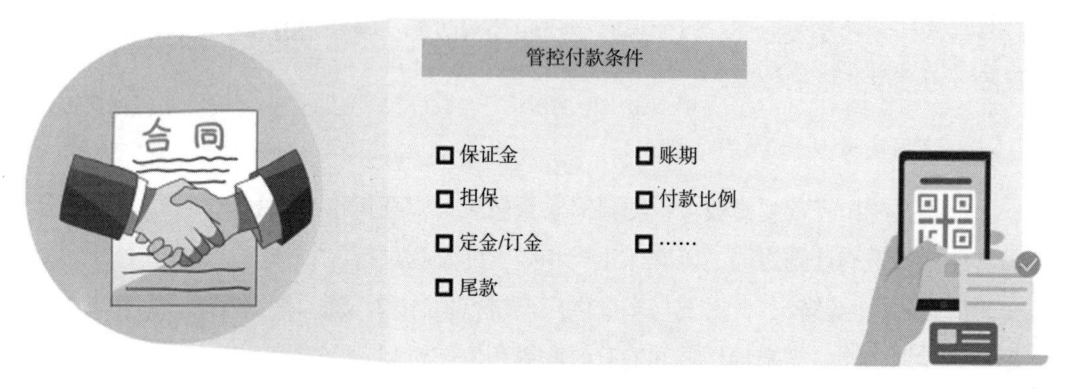

图 2-6-9　管控付款条件策略原理

从原理图中，我们可以看到付款条件包括质保金、担保、定金/订金、尾款、账期、付款比例等方面，需要采购人员加以管控，规避采购风险。

（4）适用场景

①如果供应商信用风险高，或者供应商的财务状况不太稳定，采购方可以通过管控付款条件来降低自己的风险。例如，采购方可以要求供应商提供担保或者保证金，或者将付款分期进行，以确保自己的资金安全。

②如果采购量大、采购周期长，采购方需要与供应商建立长期稳定的合作关系。在这种情况下，采购方可以通过管控付款条件来确保供应商的稳定性和可靠性。例如，采购方可以要求供应商在合同中承诺在一定时间内提供稳定的供应，并在供货后的一定时间内支付货款。

③如果采购的产品或服务具有高风险性，例如需要进行定制或者需要长期的技术支持，采购方可以通过管控付款条件来确保供应商的服务质量和技术能力。例如，采购方可以要求供应商在提供技术支持的同时，对服务质量进行保证，并在服务结束后支付货款。

总之，企业应该对付款条件加以管控，采购人员应该严格执行，以便降低采购风险，为企业降本增效。

10. 费用报销

（1）策略定义

费用报销是指需求部门的员工对在采购过程中发生的小额费用支出，如购买办公用品、打印文件、咖啡等，进行报销的采购策略。

（2）应用案例

一家企业的员工在办公室发现一些文具用品已经用完，需要采购。根据企业的小额采购支出报销流程，对于单笔500元以下的文具用品，员工可以自行采购，并通过在线报销系统向财务部门提交报销申请。员工在当地的文具店购买了一些笔、纸、文件夹等文具用品，共计花费了200元。

通过费用报销制度，需求部门的员工可以更加快捷地采购小额物品，而不需要等待采购部门的介入。这样能够节省时间，提高工作效率。同时，采购部门可以将更多精力和资源投入到更加重要且易于降本增效的大额采购支出上，以实现更多成本控制和效益提升。

（3）策略原理（见图2-6-10）

从原理图中，我们可以看到费用报销策略的原理是针对小额费用支出，设置额度，让需求部门的人员自行购买。

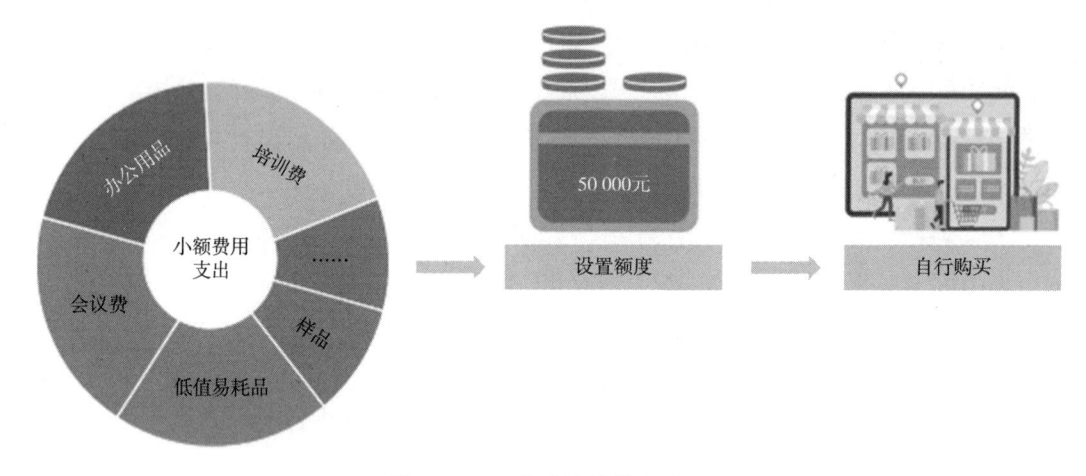

图 2-6-10　费用报销策略原理

（4）适用场景

小额低频的采购支出，如办公用品、培训费、会议费、样品、低值易耗品等。

因此，针对小额低频采购，企业应使用费用报销策略解放采购人员，使得采购人员将精力集中于大额或通用的采购项目，从而获得更多降本增效。

11. 授权采购

（1）策略定义

授权采购是指企业内部的一个部门或者单位，经过授权和批准，可以自行采购一定范围内的物品和服务的采购策略。通常情况下，授权采购的范围、金额和流程都要经过企业领导层和相关部门协商确定。

（2）应用案例

一个偏远牧场的非生产性物资只能从当地的几家商店零星购买，而集团采购中心无法为其提供寻源服务，同时集中采购也不经济。考虑到这种现状，集团采购中心决定授权该牧场自行采买非生产性物资。

这一授权决策能够让牧场在采购非生产性物资时更加自主和灵活，同时也能够节省采购管理成本。虽然这种做法可能会增加采购的风险，但是在牧场所处的特殊环境下，这种授权决策是一种更加实际和有效的解决方案。

（3）策略原理（见图2-6-11）

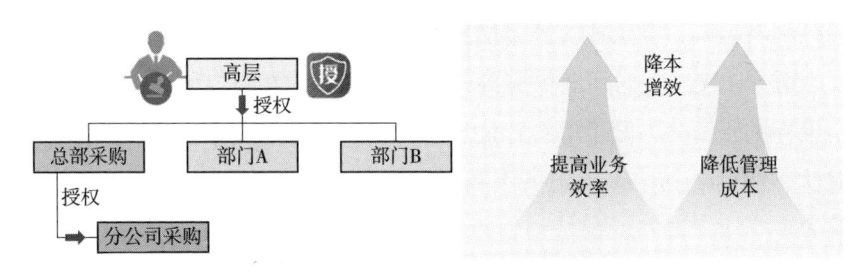

图 2-6-11 授权采购策略原理

从原理图中，我们可以看到授权采购的原理是由高层和采购部门针对特殊情况对业务部门授予一定的采购权，以便提高业务效率，降低管理成本。

（4）适用场景

①一些紧急情况下的采购需求，例如设备损坏需要紧急维修或更换。

②需要保密性的采购需求，例如涉及企业机密或商业机密的采购需求。

③需要快速响应市场需求或研发需求的采购需求，例如售后服务现场需要采购配件或新产品开发需要采购样品。

④采购部门难以服务的偏远地区，如牧场、矿山。

总之，针对特殊情况，企业可以通过授权采购获得更多降本增效。

12. 供应商分级分类管理

（1）策略定义

供应商分级分类管理是指企业根据供应商的品类特性、供应商依存关系、供应商绩效等因素，将供应商分为不同的等级和类别，并针对不同等级和类别的供应商采取不同的管理措施，以实现供应链的优化和协同。

（2）应用案例

一家电子企业采购的物料和服务涉及供应商数量较多，供应商类型和规模也较为多元，存在一定的质量风险和信用风险。为了更好地管理和控制供应链，该企业实施了供应商分级分类管理。

第一，该企业对所有供应商进行了关系评估和绩效评估，根据评估结果将供应商分为四个等级：优选供应商、可选供应商、限选供应商和淘汰供应商。其中，优选供应商和可选供应商具有较高的重要性和影响力。

第二，该企业根据不同分级分类的供应商采取了不同的管理策略和措施。对于优选供应商和可选供应商，该企业与其建立了长期的合作关系，签订了长期供货协议，共同开发新产品和技术，实现了供应链的优化和协同。对于限选供应商和淘汰供应商，该企业采取了更加严格的管理和控制措施，如加强质量检查和监督、加强信用评估和控制、限制采购数量和金额、进行淘汰等，从而降低风险和成本，提高供应链的可靠性和稳定性。

（3）策略原理（见图 2-6-12）

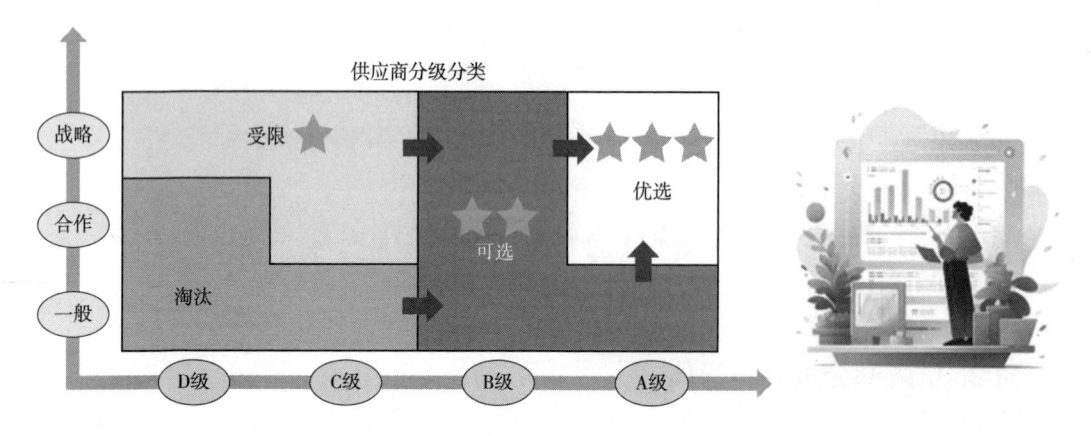

图 2-6-12　供应商分级分类管理策略原理

从原理图中，我们可以看到供应商分级分类管理的原理是从战略、合作、一般的供应商分类和 A、B、C、D 的供应商分级，将供应商分级分类为优选、可选、受限和淘汰四类，再制定和采取不同的管理策略。

（4）适用场景

①企业采购的物料和服务涉及的供应商数量较多，需要对供应商进行分级分类管理，以便更好地管理和控制供应链。

②企业采购的物料和服务涉及的供应商类型和规模较多，需要对不同类型和规模的供应商采取不同的管理策略和措施，以满足不同的采购需求。

③企业采购的物料和服务涉及的供应商重要性不同，需要对不同重要性的供应商采取不同的管理策略和措施，以确保供应链的稳定和可靠。

因此，采购人员应该采用供应商分级分类管理为企业降本增效。

13. 不相容岗位分离

（1）策略定义

不相容岗位分离（SOD）是指在组织内部进行权力分配时采取的一种控制措施。具体来说，它要求将关键职责分配给不同的人员，以此降低个人滥用职权且能够隐瞒的风险，如恶意欺诈或掩盖错误。

这种分离确保了没有一个人在任何特定流程中拥有从头到尾的控制权，从而需要多个人的协作来完成关键任务，进而增加了监督和相互检查。

（2）应用案例

一家企业原先未设立采购部门，由业务部门负责采购业务，使得一个项目经理负责从采购需求、寻源定价、订单执行、验收到付款申请的全部过程。经审计部监察，发现该企业的采购业务普遍存在高于市场价格采购、成本分析缺失、供应商资质不全、验收不严格，甚至提前付款等违规问题。在审计监察的建议下，该企业决定成立采购部门，并在采购部门内部设置品类经理（负责寻源定价）和采购执行员（负责订单执行），同时要求业务部门设置专岗负责验收，从而将申请采购（业务部门需求提报人员）、寻源定价（采购部门品类经理）、订单（采购部门采购执行员）、验收（业务部门专人专岗）和付款（财务部门出纳员）等业务环节进行了不相容岗位分离。

随后，企业的采购价格高起，供应商管理混乱，验收不严格和付款失控等问题很快得到了解决，企业降低了采购成本，提高了采购业务的合规性。

（3）策略原理（见图2-6-13）

采购行为	申请采购	寻源定价	订单	验收	付款
申请采购		高风险	高风险	低风险	低风险
寻源定价			高风险	高风险	低风险
订单				高风险	高风险
验收					高风险

图2-6-13 采购管理岗位不相容分离原理图

从原理图中，我们看到高风险违规和低风险违规的不同场景，以便指导企业进行采购管理的不相容岗位分离。

（4）适用场景

当采购流程包括采购需求提报、供应商选择、合同签订、订单执行、验收和付款等多个环节时，采用不相容岗位分离可以确保每个环节由不同的人员负责，减少内部欺诈和掩盖错误的风险。

因此，企业应该主动识别采购业务风险，进行不相容岗位分离，使得采购工作更加合规，从而获得更多降本增效。

14. 建立廉洁管理机制

（1）策略定义

建立廉洁管理机制是指企业建立一套完整的采购管理制度，通过规范采购流程、加强内部控制、加强监督和审计等手段，预防和打击采购中的腐败行为，保证采购活动的廉洁和公正。

（2）应用案例

一家国有企业在采购过程中，存在着一些廉洁和公正方面的问题。例如，采购人员与供应商之间存在利益输送、采购文件不规范、采购评标不公等。这些问题不仅影响了企业的形象和声誉，还会导致采购成本的增加和采购效率的降低。

为了解决这些问题，该企业决定建立采购廉洁管理机制。具体措施如下：

①明确采购流程，制定采购文件和采购合同的标准化模板，规范采购人员的行为准则。

②建立采购审批制度和采购决策委员会，加强对采购人员的监督和管理，防止利益输送和腐败行为。

③建立供应商准入和退出机制，评估和监督供应商的质量、信用和服务水平，确保采购的产品和服务符合要求。

④定期对采购活动进行审计，发现和纠正采购中的问题和漏洞，提高采购的透明度和公正性。

⑤鼓励员工和外部人士向企业举报采购中的违法违规行为，及时处理举报信息，保护举报人的合法权益。

通过以上措施的实施，该企业成功建立了采购廉洁管理机制，有效解决了采购中存在的廉洁和公正方面的问题，提高了采购效率和采购质量，降低了采购成本，同时也提升了企业的形象和声誉。

（3）策略原理（见图 2-6-14）

图 2-6-14　建立廉洁管理机制策略原理

从原理图中，我们可以看到建立廉洁管理机制的原理是加强监督、加强审计、规范采购流程和加强内部控制。

（4）适用场景

建立采购廉洁管理机制是企业保证采购活动廉洁和公正的重要手段，适用于各种行业和领域的企业。

因此，企业一定要建立廉洁管理机制，有力地控制违规作业、利益输送等行为，从而获得更多降本增效。

第七章　数字化管理

应用先进的数字化管理技术提升采购管理水平，从而实现更多降本增效，是时代赋予企业和采购人员的使命。在这个过程中，我们需要思考实施数字化技术提升采购管理的前提条件是什么，数字化技术能给采购管理带来哪些提升，以及哪些先进实践值得我们学习。

在本章中，将介绍14个能够降低成本或提高效率的采购数字化管理策略，见表2-7-1，以帮助企业在采购数字化管理方面取得更好的结果。

表2-7-1　14个降本增效的采购数字化管理策略

数字化管理			
1. 增加系统提示功能	2. 电子竞价	3. 反向营销	4. 数字化合同管理	5. 商城化采购
6. 自动对账和付款	7. 料号管理	8. 提升系统反应速度	9. 跨部门共享信息	10. 一站式采购数字化管理平台
11. 提升采购管理系统与其他系统的集成度	12. 建立供应商画像	13. 数据穿透	14. 建立绩效指标仪表盘	

1. 增加系统提示功能

（1）策略定义

增加系统提示功能是指在采购管理系统中，基于管理机制和管理目标的设定，在系统中增加对使用者的提示功能。

（2）应用案例

一家制造企业原来由于频繁更换采购人员，以及供应商众多等原因，导致采购需求信息杂乱，同一物资不同供应商、不同价格的现象很严重，产生了一定的浪费。之后，该企业决定在采购管理系统中增加提示功能，当采购人员需要采购某种物资或服务时，系统会自动提示某种物资或服务的常用供应商，历史采购价格和付款条件，避免采购人员因不熟悉工作向不同的供应商下单或买贵，同时令审批者有据可依，从而有效地控制了采购成本，提高了采购效率，避免一物多供应商多价格的问题发生。

（3）策略原理（见图2-7-1）

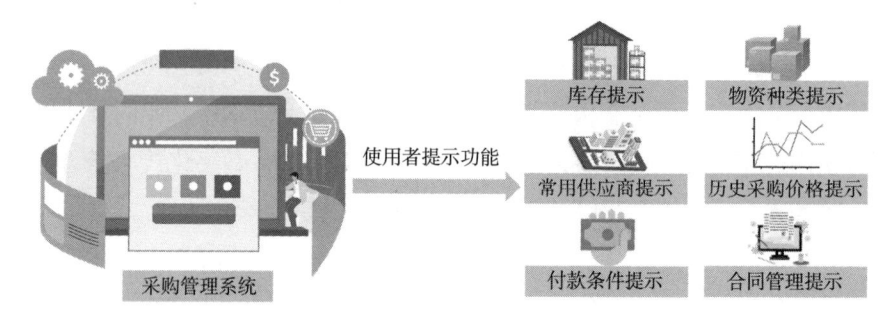

图 2-7-1　增加系统提示功能策略原理

从原理图中，我们可以看到企业可以在采购管理系统中增加库存、物资种类、常用供应商、历史采购价格、付款条件和合同管理等方面的提示功能，以便在不同方面降本增效。

（4）适用场景

①当企业存在物资库存呆滞却又出现申请采购的现象时，需要在系统中增加库存提示功能，要求申请人优先从库中领用，而不是申请采购。

②当企业存在需求标准化程度低的现象时，需要在系统中增加同品类常用物资的规格型号提示功能，要求使用者优先选用已有的物资。

③当企业存在同一物资或服务不同供应商不同价格的情况时，需要增加物资或服务的常用供应商、历史采购价格和付款条件的提示功能，要求采购人员做出最优选择。

④当企业存在供应商入围无序的现象时，需要在系统中增加优选供应商的提示功能，保证优选供应商入围，增加寻源定价的竞争合理性和充分性。

⑤当企业存在采购订单逾期、合同到期未处理或供应商绩效表现不达标等现象时，需要在系统中增加相应的提示功能，及时通知采购人员做出相应的处理。

总之，企业应根据采购管理需要，在系统中增加提示功能，获得更多降本增效。

2. 电子竞价

（1）策略定义

电子竞价是指通过电子平台，采用在线竞价的方式进行采购的策略。在电子竞价中，采购方通过电子平台发布竞价信息，供应商则通过电子平台参与竞价，根据竞价规则和条件提交报价。在竞价过程中，系统会根据设定的参数和规则自动计算排名和价格，最终确定竞价的供应商。

（2）应用案例

一家制造企业需要采购一批纸箱，为了降低采购成本和提高采购效率，企业决定采用电子竞价。

企业在采购平台上发布了采购需求和采购标准，并邀请了四家供应商参与竞价。供应商可以在规定的时间内，通过平台进行多轮报价，企业可以实时查看报价情况，最终选择最优惠的报价，见表2-7-2。

表2-7-2 电子竞价表

出价记录	出价次数	预报价（元）	最终报价（元）	降价比（%）	排名
供应商A	27	830	756	9	1
供应商B	26	876	757	14	2
供应商C	19	895	766	14	3
供应商D	10	950	874	8	4

通过电子竞价的方式，企业成功地将纸箱的采购价格降低了9%，提高了采购效率和透明度，避免了人为干预和信息不对称等问题。

（3）策略原理（见图2-7-2）

从原理图中，我们可以看到电子竞价的原理是在有限的时间内，通过电子竞价平台营造竞争氛围，迫使供应商提供最有竞争力的价格，而且整个竞价过程在电子竞价平台中留痕，从而保障竞价的充分性与合规性，为企业降本增效。

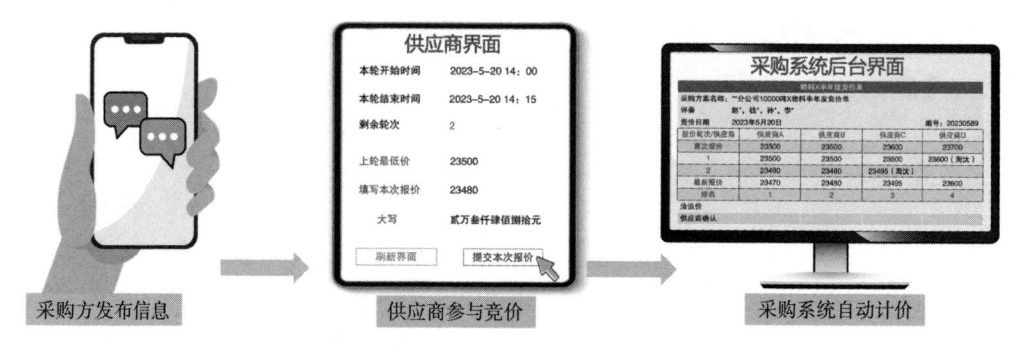

图 2-7-2　电子竞价策略原理

（4）适用场景

①电子竞价适用于大宗物资的采购，如原材料、零部件、设备等。通过竞价，可以吸引更多的供应商参与，提高采购效率和降低采购成本。

②对于价格敏感的采购项目，采用电子竞价可以促使供应商提供更有竞争力的报价。通过竞价，可以实时比较供应商的价格，并选择最有利的报价。

③当企业需要从多个供应商处采购相同或类似的物资时，可以通过电子竞价来选择最优质、最具竞争力的供应商。

④对于需要保证透明度和公平性的采购项目，采用电子竞价可以提供公开、可追溯的采购过程。通过竞价平台，可以记录和保存所有报价和竞价过程，确保采购过程的公正性和合规性。

需要注意的是，电子竞价并不适用于所有采购项目。对于一些特殊的采购项目，如高复杂度的定制产品、高度技术性的物资等，需要更多的磋商或谈判，而不仅仅是竞价。

因此，采购人员应该识别适用于电子竞价的品类，通过电子竞价为企业降本增效。

3. 反向营销

（1）策略定义

在采购管理中，反向营销是指一种通过吸引供应商主动接触企业，了解企业需求并提供相应产品或服务的采购策略，需要通过数字化平台公开发布采购需求。

（2）应用案例

一家制造企业希望寻找新的供应商来提供特定的原材料，为了吸引更多潜在供应商并确保他们了解企业的采购需求，采用反向营销策略。该企业通过在自己的网站上发布详细的产品要求和合作条件、利用社交媒体平台展示采购需求等方式，吸引潜在供应商关注并主动与企业联系，从而扩大寻源范围，吸引优质供应商合作，为该企业带来成本、质量、服务、创新等全方位的提升。

（3）策略原理（见图2-7-3）

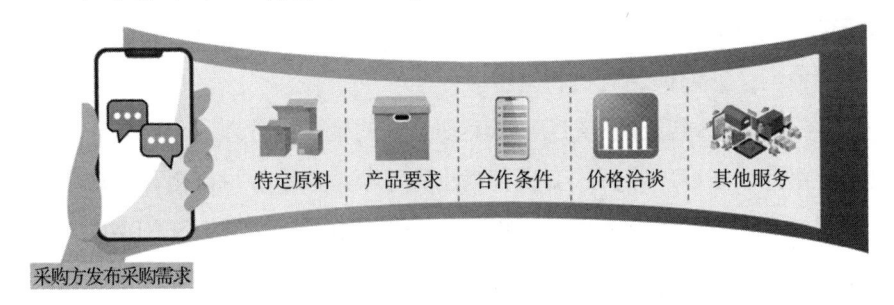

图2-7-3 反向营销策略原理

从原理图中，我们看到反向营销需要依托电子平台发布特定原料、产品要求、合作条件、价格洽谈和其他服务等需求条件，以便吸引供应商的关注和主动联系。

（4）适用场景

①企业需要寻找新的供应商来满足特定的采购需求，可以通过反向营销策略吸引潜在供应商主动联系企业，提供符合要求的产品或服务。

②企业希望加强供应商间的竞争，可以通过反向营销策略吸引更多供应商积极地参与竞标。

因此，企业应识别反向营销的适用场景，利用数字化手段搭建采购需求信息发布平台，吸引有竞争力的供应商为企业降本增效。

4. 数字化合同管理

（1）策略定义

数字化合同管理是指将传统的纸质合同转化为数字化形式，通过电子签名、电子文档管理等技术手段，实现合同的全生命周期管理的采购策略。

（2）应用案例

一家大型制造企业，采购活动频繁，采购合同数量庞大，合同管理效率低下，经常出现合同遗失、合同内容不清晰、合同管理混乱等问题。为了解决这些问题，该企业引入了数字化合同管理系统，实现了合同管理的全流程数字化。

该系统通过建立合同档案库，将所有采购合同进行数字化存储和管理，方便随时查看和审批。同时，系统还可以自动提醒合同到期时间，避免合同过期而导致的损失。此外，该系统还可以对合同进行分类、归档和检索，方便快速查找和管理。

数字化合同管理系统还可以实现合同的全流程管理，包括合同的起草、审批、签订、履行、变更和终止等环节。该系统可以自动生成合同草案，实现合同审批流程的在线化，提高了合同的审批效率和精度。同时，该系统还可以实现合同履行和变更的在线管理，方便快速处理合同的变更和履行问题。

通过数字化合同管理系统，该企业实现了合同管理的高效化和规范化，避免了合同管理混乱和遗失的问题，提高了合同管理的精度和效率，降低了风险和成本，为企业的采购活动提供了有力的支持。

（3）策略原理（见图2-7-4）

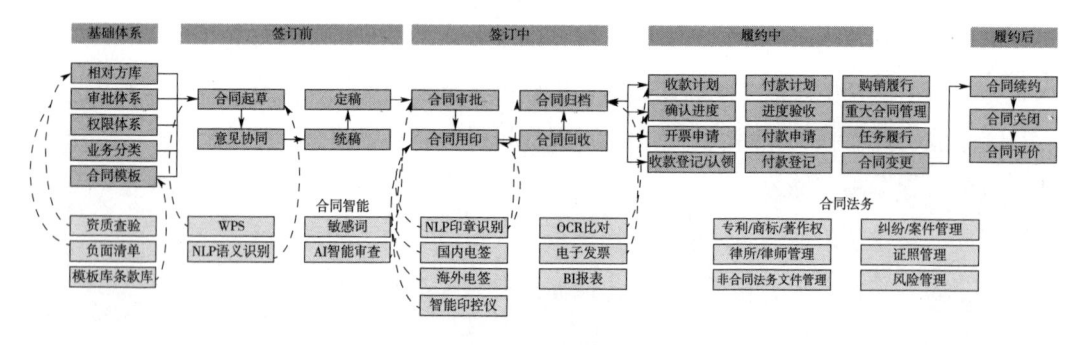

图2-7-4 数字化合同管理策略原理

从原理图中，我们可以看到数字化合同管理是对合同全生命周期的在线化管理，通过系统的智能功能，提升合同管理的规范性与合规性，提升采购效率，规避采购风险。

（4）适用场景

①企业在不同部门、不同地点签订的合同需要集中管理，数字化合同管理可以将所有合同集中存储在云端，方便各部门和地点的访问和管理。

②企业签订的合同数量庞大，传统的纸质管理方式难以满足需求，数字化合同管理可以通过自动化流程、电子签名等技术手段，提高合同管理的效率和准确性。

③企业需要及时掌握合同的风险情况，数字化合同管理可以通过数据分析和报告，提供合同风险的实时监控和预警。

④企业的合同审批流程需要多个部门或人员参与，数字化合同管理可以通过自动化流程，加速合同审批的速度和准确性。

⑤企业需要对合同数据进行分析和报告，以便更好地管理合同和优化业务流程，数字化合同管理可以提供数据分析和报告的功能，为企业决策提供有力支持。

总之，具有一定规模的企业应该使用数字化合同管理规范采购合同管理，从而获得更多降本增效。

5. 商城化采购

（1）策略定义

商城化采购是指企业通过建立一个统一的采购平台，在与供应商签订框架采购协议后，供应商可在该平台上展示自己的产品和服务，并提供相应的价格和交货期等信息，或由采购人员在平台维护产品或服务的信息。企业员工可以通过该平台进行采购，并按照规定的流程完成采购。

（2）应用案例

一家企业在内部建立了一个采购商城，将所有间接采购品类按照类别和品牌进行分类，并制定了采购标准和价格范围。企业员工可以通过商城，选择需要的物资和服务，并直接下单购买。

通过商城化采购，该企业成功地提高了采购效率和透明度，降低了采购成本和风险。同时，该企业还通过采购商城，实时了解采购情况和供应商的表现，进行采购数据分析和优化，提高了采购决策的科学性和准确性。

（3）策略原理（见图 2-7-5）

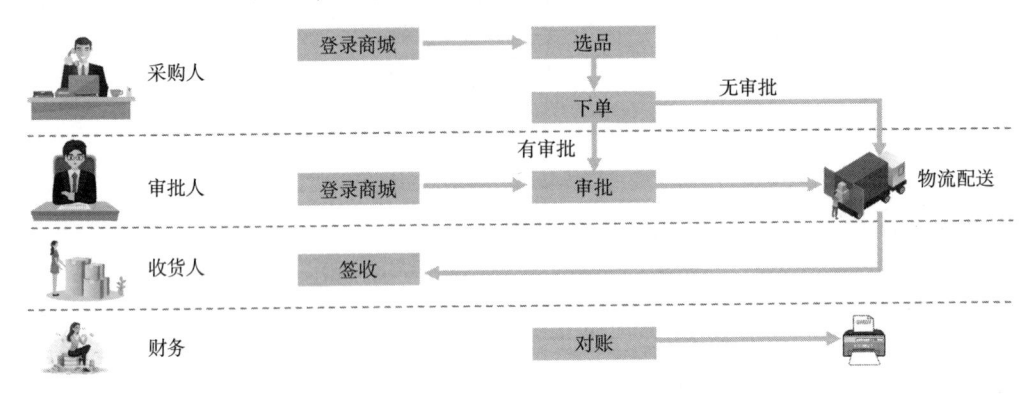

图 2-7-5 商城化采购策略原理

从原理图中，我们可以看到商城化采购流程与日常采购流程并无区别，但是商城化采购利用商品目录分类和数字化技术使得采购需求易于寻找且采购过程透明，从而提升采购流程效率和客户体验。

（4）适用场景

①企业采购需求较多，采购流程烦琐，需要统一管理和优化采购流程。

②企业采购流程中存在较多的人工干预和错误，需要通过商城化采购实现自动化采购流程，降低人工干预和错误率。

③企业需要提高采购效率，通过商城化采购实现采购的快速响应和流程优化，提高采购效率和准确性。

因此，具有一定规模的企业应该积极使用商城化采购策略获得更多降本增效。

6. 自动对账和付款

（1）策略定义

自动付款是指通过数字化采购平台或软件，在满足设定的条件时，由系统自动发起付款流程，实现采购订单的自动结算。

自动付款可以帮助企业节省时间和人力成本，提高付款的准确性和效率，避免人为错误或延误导致的纠纷和损失。

（2）应用案例

一家企业与多家供应商进行交易，需要对账和付款。为了提高效率和降低错误率，该企业决定采用自动对账和付款的措施。

该企业在内部建立了一个财务管理系统，与供应商的账户信息进行绑定，并设定了付款条件和账期。当该企业收到供应商的发票时，系统会自动进行对账，核对发票、采购订单和收货的信息，并自动进行付款操作。

通过自动对账和付款，该企业成功地提高了效率和准确性，降低了错误率和风险。

（3）策略原理（见图 2-7-6）

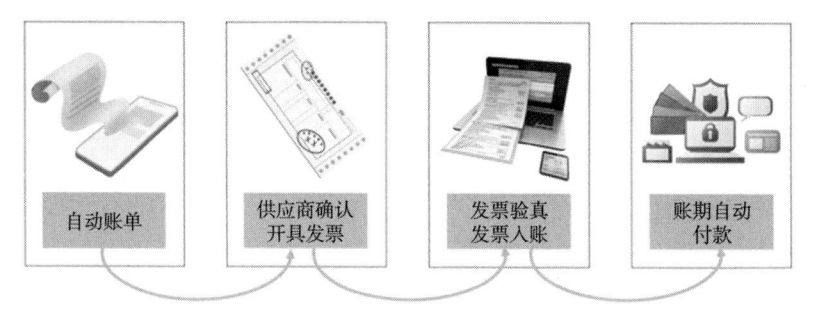

图 2-7-6　自动对账和付款策略原理

从原理图中，我们可以看到自动对账和付款的流程是系统自动生成账单，供应商确认并开具发票，系统进行发票验真与入账，到达账期后由系统自动付款，从而大幅提升流程效率。

（4）适用场景

①对于采购量大，订单复杂的企业，手工对账和付款容易出现错误和延误，影响采购管理效率和准确性，自动对账和付款可以帮助企业节省时间和人力成本，提高对账和付款的准确性和效率。

②对于实现财务流程数字化的企业，自动对账和付款是数字化采购管理的重要组成部分，可以实现采购管理的数字化、自动化和标准化，提高采购管理效率和准确性，降低采购成本和风险，优化供应链管理。

因此，具有一定规模的企业应该使用自动对账和付款策略获得更多降本增效。

7. 料号管理

(1) 策略定义

料号管理是指企业对其产品或原材料进行编码、分类、标识、管理和追踪的策略。它是企业物料管理的重要组成部分,旨在实现对物料的精细化管理和控制,提高物料管理的效率和准确性。

料号通常是由数字、字母或符号组成的一串编码,用于标识和区分不同的物料。通过对物料进行编码和分类,可以方便地对物料进行管理和追踪,同时也可以避免物料重复采购、混淆和误用。

(2) 应用案例

一家电子制造企业的料号数量超过 15 万个,存在严重的重复编码、僵尸编码、无效编码等问题,导致下单人员在下达采购申请单时经常找不到合适的料号,只能重新申请料号。

这给供应商造成了困扰,每次接单都要核对,以免送错货物。这也给仓库管理造成了困扰,导致库存物料不被领用,呆滞越来越多。

为了解决这个顽疾,该企业的总经理要求采购部门牵头,IT 部门、技术部门和设备部门派人参与,成立项目组,对料号进行专项治理。经过一年多的治理,所有重复编码、僵尸编码以及无效编码被全部清理,料号数量削减了 70%,订单下达一目了然,大大提高了采购效率,降低了呆滞库存金额。

(3) 策略原理(见图 2-7-7)

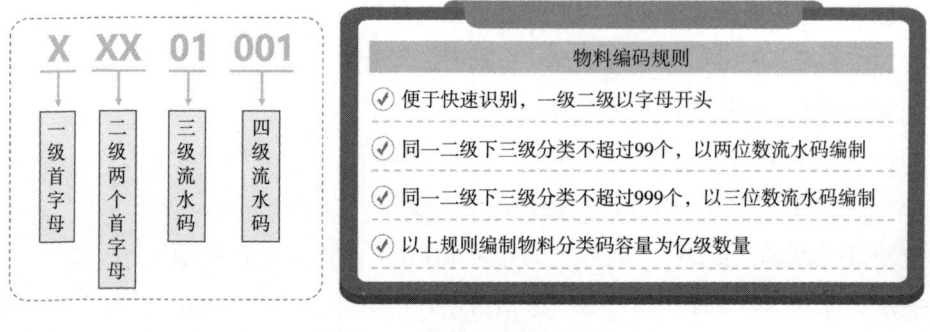

图 2-7-7 料号管理策略原理

从原理图中，我们可以看到常用的物料编码规则。

（4）适用场景

①在供应链管理中，需要对采购物料进行管理和追踪，以确保供应链的稳定和可靠。

②在库存管理中，需要对库存物料进行管理和追踪，以确保库存的准确性和有效性。

③在成本控制中，需要对物料的采购成本、库存成本和使用成本进行管理和控制，以确保企业的盈利能力和竞争力。

因此，企业应该重视料号管理，通过完善的料号管理减少不必要的重复采购、降低呆滞库存、提高采购效率。

8. 提升系统反应速度

（1）策略定义

提升系统反应速度是指通过优化采购管理系统的架构、流程和技术手段，缩短系统响应时间和数据处理时间，以提高采购管理系统的效率和响应能力。

（2）应用案例

一家制造企业在2022年采购管理系统反应速度较慢，采购效率低下，采购准确性也有待提高。该企业决定引入新的采购管理系统，提升系统反应速度和性能。

新的采购管理系统采用了高速处理器和存储器，采用了实时数据处理和分析技术，能够快速响应采购请求和订单，缩短采购周期，提高采购效率，降低采购成本。同时，该系统还引入了自动化审批和授权功能，能够快速处理采购请求和订单，避免人为错误和漏洞，提高采购准确性和可靠性。

经过半年的试运行和调试，该企业的新采购管理系统反应速度提升了近50%，采购效率提高了4%，采购准确性提高了5%。同时，该企业还通过新的采购管理系统实现了供应链管理和协同的优化，提高了企业绩效和竞争力。

（3）策略原理（见图2-7-8）

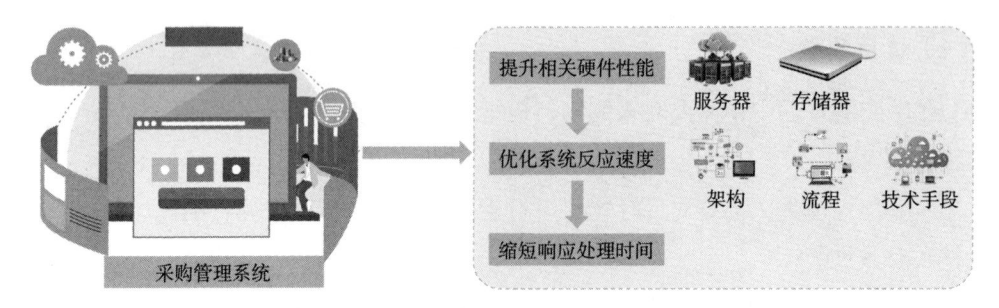

图 2-7-8　提升系统反应速度策略原理

从原理图中，我们可以看到提升系统反应速度的手段、原理以及相关硬件。

（4）适用场景

①当企业需要采购大量物资或服务时，采购管理系统需要处理大量的采购请求和订单，需要提升系统反应速度以确保采购流程的高效和准确性。

②当企业在多个地区或国家进行采购时，采购管理系统需要处理多个地区或国家的采购请求和订单，需要提升系统反应速度以确保采购流程的协同和同步。

③当企业在多个语言环境下进行采购时，采购管理系统需要处理多个语言的采购请求和订单，需要提升系统反应速度以确保采购流程的语言适配和准确性。

因此，企业应该重视并提升系统反应速度，更好地支持采购业务，助力采购人员获得更多降本增效。

9. 跨部门共享信息

（1）策略定义

跨部门共享信息是指企业内部不同部门之间共享采购相关的信息和数据，包括采购计划、采购订单、供应商信息、采购合同、采购费用等，以便各部门能够更好地协同合作，提高采购效率和准确性。

（2）应用案例

一家企业为了提高采购效率和准确性，实施了一个跨部门共享采购信息的系统。该系统可以实现不同部门之间的采购信息共享和协同，包括采购计划、采购订单、供应商信息、采购合同、采购费用等。

在实施该系统后，该企业取得了显著的收益。

首先，该企业的采购效率得到了大幅提升，不同部门之间可以更好地协调和安排采购活动，避免了重复采购和信息孤岛的情况。

其次，该企业的采购成本得到了有效控制，共享采购信息和数据可以帮助企业更好地管理和控制采购成本，避免采购浪费和不必要的支出。

最后，该企业的供应商管理也得到了加强，共享供应商信息和评估结果可以帮助企业更好地选择和管理供应商，降低采购风险和成本。

（3）策略原理（见图2-7-9）

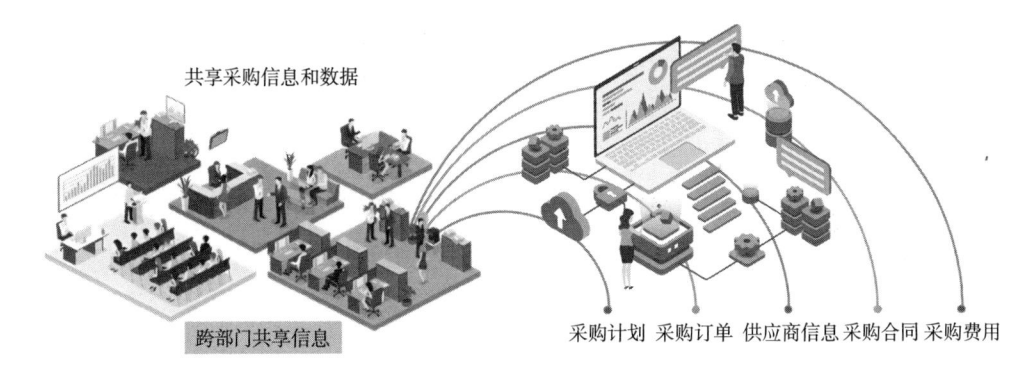

图2-7-9　跨部门共享信息策略原理

从原理图中，我们可以看到跨部门共享信息的内容包括采购计划、采购订单、供应商信息、采购合同、采购费用等。跨部门共享信息可以提升企业的成本控制能力、计划的准确性、供应商的表现、合同的履约等，从而带来更多降本增效。

（4）适用场景

①不同部门需要协同制定采购计划，共享采购需求、采购交期和预算信息，以便更好地协调和安排采购活动。

②不同部门需要共享供应商信息和评估结果，以便更好地选择和管理供应商，降低采购成本和风险。

③不同部门需要共享采购订单信息和状态，以便更好地跟踪和协调采购进度和交付，避免重复采购和延误。

④不同部门需要共享采购合同信息和条款，以便更好地管理和执行采购合同，避免漏洞和纠纷。

⑤不同部门需要共享采购费用信息和核算结果，以便更好地控制和管理采购成本，提高采购效益。

总之，采购人员应该在不涉密的情况下积极共享相关部门需要的采购信息，以便促进协作，为企业降本增效。

10. 一站式采购数字化管理平台

（1）策略定义

一站式采购数字化管理平台是指一种集采购需求管理、寻源定价管理、采购合同管理、供应商管理、采购订单管理等多个功能于一体的数字化管理平台。

（2）应用案例

一家制造企业的采购部门在采购过程中存在一些问题，包括采购流程不规范、采购数据管理不完善、供应商管理不到位等。为了解决这些问题，该企业决定应用一站式采购数字化管理平台。

首先，该企业采用了一套采购管理软件，实现了采购流程的自动化和信息的数字化。采购人员可以通过系统实现采购申请、审批、采购订单生成和供应商管理等操作，减少了人工干预，提高了采购效率和准确性。

其次，该企业通过数据分析和挖掘，优化了采购决策和供应链管理。采购部门可以通过系统实时获取采购数据和供应链数据，进行分析和挖掘，优化采购计划和供应链管理，提高企业整体绩效和竞争力。

最后，通过应用一站式采购数字化管理平台，该企业实现了采购效率和准确性的提高、供应链管理效率和准确性的优化、采购决策的科学性和准确性的提高、采购管理的质量和合规性的提高。

（3）策略原理（见图 2-7-10）

从原理图中，我们可以看到一站式采购数字化管理平台的应用架构，从客户、前台、中台和后台分别涵盖了采购部门在企业内外部的客户、系统的终端，系统的功能模块和底层技术。

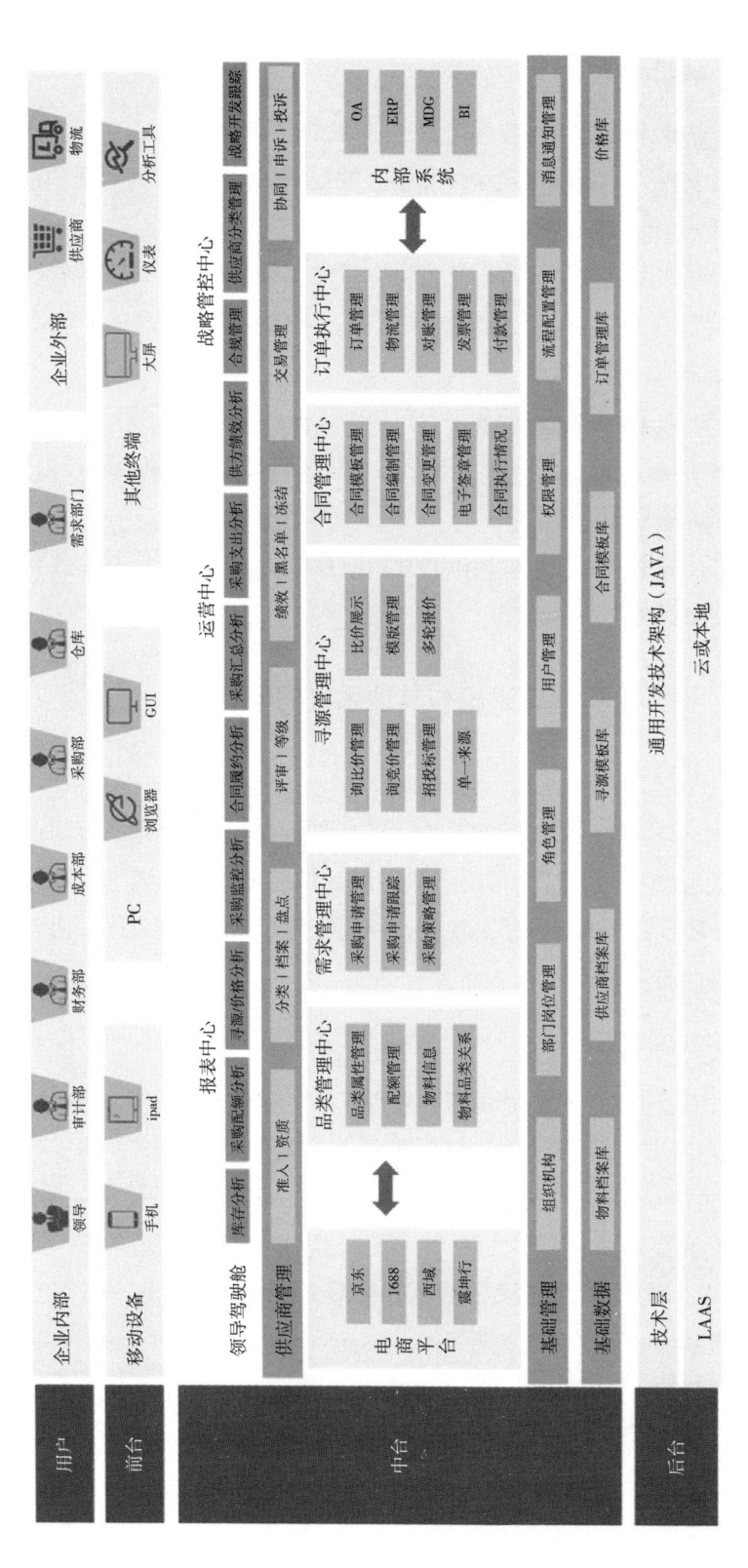

图 2-7-10 一站式采购数字化管理平台策略原理

（4）适用场景

①一站式采购数字化管理平台可以帮助采购规模较大、采购流程复杂的企业实现采购流程的自动化和信息的数字化，提高采购效率和准确性，降低采购成本和风险。

②一站式采购数字化管理平台可以帮助供应商较多、供应链管理复杂的企业实现采购与供应链的协同管理，优化供应链管理效率和准确性，降低采购成本和风险。

③一站式采购数字化管理平台可以帮助采购策略需要频繁调整和优化的企业实现采购数据的分析和挖掘，优化采购决策和供应链管理，提高企业整体绩效和竞争力。

总之，对于具有一定规模的企业，应该使用一站式采购数字化管理平台获得更多降本增效。

11. 提升采购管理系统与其他系统的集成度

（1）策略定义

提升采购管理系统与其他系统的集成度是指将采购管理系统与企业其他相关系统（如 ERP、财务管理系统、供应链管理系统等）进行深度集成，实现数据共享和信息流畅，提高企业内部各系统之间的协同效率和准确性的采购策略。

（2）应用案例

一家制造企业的采购管理流程较为复杂，涉及多个系统，包括企业资源计划（ERP）系统、供应链管理系统、数据分析系统等。由于各系统之间的数据不通畅，导致采购流程效率低下，采购成本高、风险大。

为了解决这一问题，企业引入了一款综合采购管理系统，并与ERP 系统、供应链管理系统、数据分析系统等进行了集成。通过集成，采购管理系统可以实现以下功能：

①与 ERP 系统集成，实现采购订单、供应商信息、库存信息等数据的自动化获取和数字化管理，提高采购效率和准确性。

②与供应链管理系统集成，实现供应链数据的实时获取和管理，优化供应链管理效率和准确性，降低采购成本和风险。

③与数据分析系统集成，实现采购数据的分析和挖掘，提高采购决策的科学性和准确性，降低采购风险和成本。

通过集成，企业实现了采购管理的数字化和智能化，提高了采购效率和准确性，降低了采购成本和风险，提高了企业的市场竞争力。

（3）策略原理（见图2-7-11）

将采购管理系统与企业其他相关系统（如ERP、财务管理系统、供应链管理系统等）进行深度集成，实现数据共享和信息流畅，提高企业内部各系统之间的协同效率和准确性的采购策略

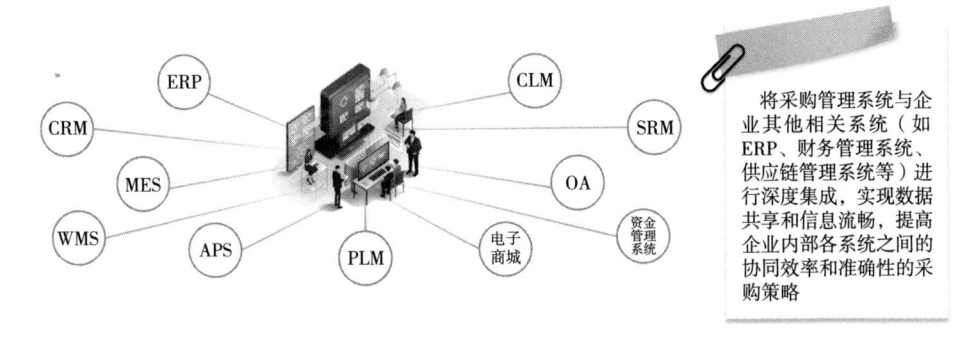

图2-7-11　提升采购管理系统与其他系统的集成度策略原理

从原理图中，我们可以看到需要集成的系统包括ERP、CLM（合同管理系统）、SRM（供应商关系管理）、OA（办公自动化）、资金管理系统、电子商城、PLM（产品生命周期管理）、APS（高级计划与排程）、WMS（仓库管理系统）、MES（制造执行系统）和CRM（客户关系管理）。

（4）适用场景

①企业采购管理流程复杂，需要与ERP系统集成，实现采购订单、供应商信息、库存信息等数据的自动化获取和数字化管理，提高采购效率和准确性。

②企业供应链管理涉及多个系统，需要与采购管理系统集成，实现供应链数据的实时获取和管理，优化供应链管理效率和准确性，降低采购成本和风险。

③企业需要通过数据分析和挖掘，优化采购决策，需要与数据分析系统集成，实现采购数据的分析和挖掘，提高采购决策的科学性和准确性。

④企业需要提高内部各系统之间的协同效率和准确性，需要实现各系统之间的数据共享和信息流畅，提高企业整体绩效和竞争力。

总之，企业应该提升采购管理系统与其他系统的集成度，使得采购管理系统更加智能，从而辅助采购人员获得更多降本增效。

12. 建立供应商画像

（1）策略定义

建立供应商画像是指通过收集、整合和分析供应商的相关信息，以图像化的形式呈现出供应商的特征和特点，从而更好地了解和管理供应商。供应商画像通常包括供应商的基本信息、供货信息、供应能力、质量管理、交付能力、价格水平、服务水平、信用评价等方面的信息。这些信息可以从供应商的注册信息、合同、财务报表、评价报告、调查问卷等多个渠道获得。

（2）应用案例

一家电子产品制造企业在采购电子元器件时，发现其供应商质量不稳定，交货期延误严重，导致生产计划无法按时完成。为了解决这个问题，该企业决定建立供应商画像，以更好地管理和评估供应商。首先，该企业收集了供应商的基本信息，包括企业名称、注册资本、经营范围、生产能力、质量管理体系等。随后，该企业通过对供应商的财务状况、信用评价等信息进行分析，评估供应商的信誉度和稳定性。同时，该企业还对供应商的生产能力、交付能力、质量管理等方面进行了评估，以了解供应商的优劣势和潜在问题。

通过建立供应商画像，该企业发现其中一家供应商的交货期延误严重，原因是其生产线不稳定，导致生产效率低下。该企业随即与该供应商进行沟通，要求其进行生产线升级，并对其进行了监督和评估。在此基础上，该企业还对其他供应商进行了评估和管理，提高了采购效率和质量，降低了采购成本和风险。

（3）策略原理（见图 2-7-12）

从原理图中，我们可以看到建立供应商画像的原理是将供应商的基本信息、供货信息、排名、评价等数据进行组合，再通过数字化管理系统中的画面呈现出来，以便挖掘数据价值，指导业务决策。

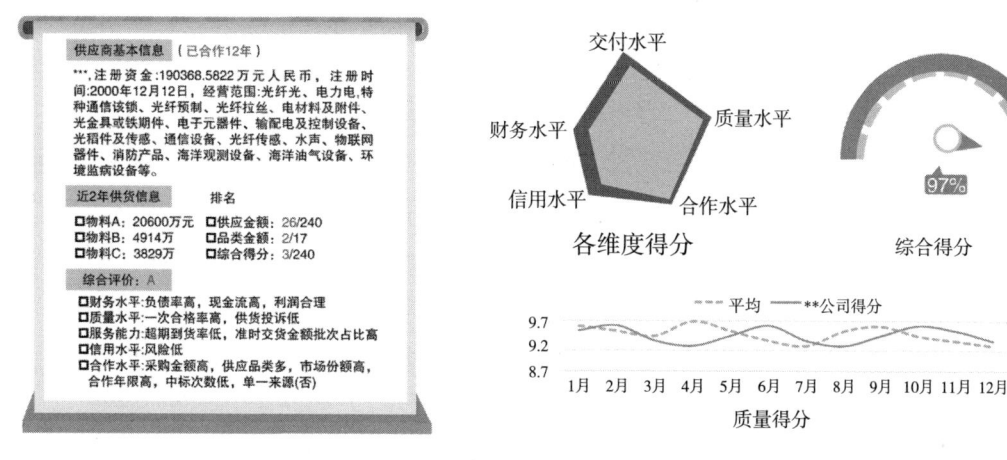

图 2-7-12 建立供应商画像策略原理

（4）适用场景

①企业在进行采购决策时，需要了解供应商的供应能力、质量管理、交付能力、价格水平、服务水平、信用评价等信息，以便选择合适的供应商。建立供应商画像可以帮助企业更全面地了解供应商的特点和优劣势，从而制定更加科学的采购策略。

②企业需要对供应商进行管理和评估，以确保供应商的质量和交付能力。建立供应商画像可以帮助企业了解供应商的优缺点，发现潜在问题，进一步推动供应商管理的优化和升级。

③企业需要对供应链风险进行管理，以降低采购风险。建立供应商画像可以帮助企业了解供应商的信用评价、财务状况、生产能力等信息，从而避免采购风险。

④企业需要与供应商进行谈判，以获取更好的价格和服务。建立供应商画像可以帮助企业了解供应商的供货信息、价格水平和服务水平，从而更好地进行谈判。

因此，企业应该在采购数字化系统中建立供应商画像，辅助业务决策，获得更多降本增效。

13. 数据穿透

（1）策略定义

数据穿透是指企业与供应商对供应链运营数据进行交互和分析，从而更高效地管理供应链的策略。

（2）应用案例

某企业是全球较大的零售商，其供应链管理一直以高效和创新著称。为了提高供应链的可见性和效率，该企业采用了数据穿透的方法，与供应商共享销售数据和库存信息。具体来说，就是企业要求供应商使用一种称为电子数据交换的系统，该系统可以实时传输销售数据和库存信息。通过这种方式，企业和供应商可以准确了解产品销售情况和库存水平，从而更好地预测需求和管理库存。

企业还可以利用这些数据进行供应链的优化和改进。例如，当某个商品的销售量下降时，可以及时通知供应商，以便供应商调整生产和库存计划。此外，还可以通过分析销售数据和库存信息，为供应商提供定制化的市场分析和销售建议，帮助供应商更好地了解市场需求和优化产品策略。

数据穿透的好处是显而易见的。首先，数据穿透可以提高供应链的可见性和透明度，使企业和供应商能够更好地共享信息和合作。其次，数据穿透可以提高供应链的效率和响应速度，使企业和供应商能够更加准确地预测需求和管理库存。最后，数据穿透还可以加强企业与供应商之间的合作和信任，从而推动供应链的创新和改进。

（3）策略原理（见图 2-7-13）

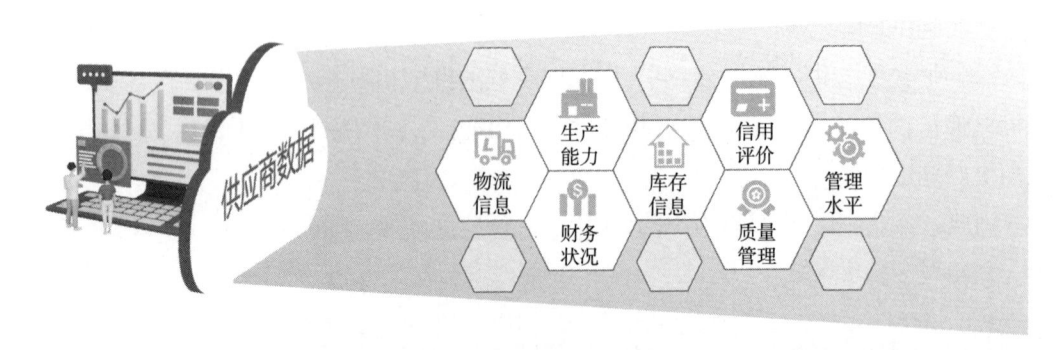

图 2-7-13　数据穿透策略原理

从原理图中，我们可以看到数据穿透的原理是通过数字化系统连通打破企业与供应商间的数据孤岛，从而加强企业与供应商在管理、信用、质量、库存、生产、物流、财务等方面的协同互动，为双方降本增效。

(4) 适用场景

①在采购过程中，企业需要对供应商的质量管理、库存信息、物流信息、交付能力、服务水平等方面进行监控和管理，以便降低成本、规避风险、提高效率。

②供应商需要实时了解企业的销售预测、库存信息等方面，及时调整生产计划和库存计划，以便降低库存成本、保障供应。

因此，企业应该在条件具备时应用数据穿透策略，获得更多降本增效。

14. 建立绩效指标仪表盘

(1) 策略定义

建立绩效指标仪表盘是指企业通过收集和汇总采购数据，建立一套科学的、可视化的采购绩效指标体系，以便对采购业务进行监控、评估和优化。

(2) 应用案例

某公司是全球较大的电子商务公司，其采购部门负责采购和管理大量的商品和服务。为了更好地监控和评估采购绩效，公司采用了采购绩效指标仪表盘。

公司的采购绩效指标仪表盘包括了多个关键的指标，如供应商交货准时率、供应商质量评分、采购成本节约率等。这些指标通过数据分析和可视化的方式呈现给采购团队和管理层，以便他们能够及时了解采购绩效的情况并采取相应的措施。

通过采购绩效指标仪表盘，公司可以实时监控供应商的交货准时率和质量评分。如果某个供应商的交货准时率下降或质量评分低于标准，公司可以及时采取行动，如与供应商进行沟通和协商，或者寻找替代供应商。同时，还可以通过分析采购成本节约率，找到降低采购成本的机会和策略，从而提高采购效率和降低采购成本。

（3）策略原理（见图 2-7-14）

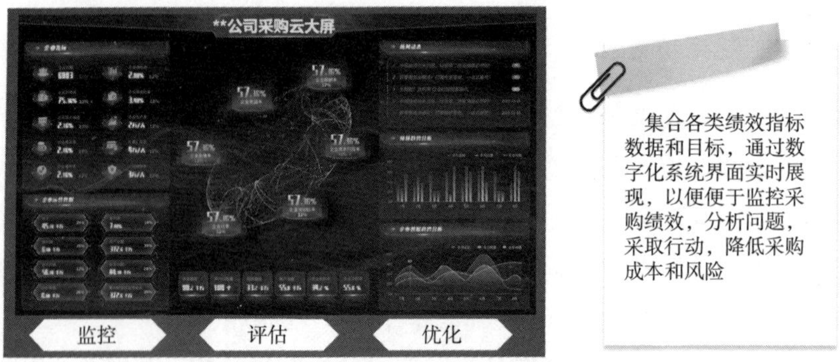
**公司采购云大屏
监控
评估
优化
集合各类绩效指标数据和目标，通过数字化系统界面实时展现，以便便于监控采购绩效，分析问题，采取行动，降低采购成本和风险

图 2-7-14　建立绩效指标仪表盘策略原理

从原理图中，我们可以看到绩效指标仪表盘的主要作用是实现采购绩效指标的实时可视，有效监控采购运营，辅助采购决策。

（4）适用场景

①在采购管理流程较为复杂的企业中，采购绩效指标仪表盘可以帮助企业实时监控和评估采购绩效，及时发现和解决问题，提高采购管理水平和效率。

②在采购成本较高的企业中，采购绩效指标仪表盘可以帮助企业实时监控和评估采购成本，发现和解决成本问题，降低采购成本，提高企业竞争力。

③在供应商数量较多的企业中，采购绩效指标仪表盘可以帮助企业实时监控和评估供应商绩效，发现和解决供应商问题，优化供应链管理，提高采购效率和质量。

④在采购交期较长的企业中，采购绩效指标仪表盘可以帮助企业实时监控和评估采购交期，发现和解决采购交期问题，优化采购流程，提高采购效率和质量。

⑤在采购风险较高的企业中，采购绩效指标仪表盘可以帮助企业实时监控和评估采购风险，发现和解决风险问题，降低采购风险，保障企业正常运营。

总之，具有一定规模的企业应该通过数字化管理系统建立绩效指标仪表盘，辅助采购决策，获得更多降本增效。

第八章　绩效管理

绩效是衡量采购降本增效的重要指标，而绩效管理则是推动采购人员持续创造价值的重要管理工具。在这个过程中，我们需要思考绩效指标是否科学有效，以及是否需要跨部门共同承担重要的采购管理绩效指标，并探讨如何量化降本绩效。

在本章中，将介绍4个能够降低成本或提高效率的采购绩效管理策略，见表2-8-1，以帮助企业在采购绩效管理方面取得更好的结果。

表2-8-1　4个降本增效的采购绩效管理策略

绩效管理			
1.建立绩效考核体系	2.跨部门共担采购绩效指标	3.设定采购流程绩效	4.选择合理的降本计算方法

1. 建立绩效考核体系

（1）策略定义

建立绩效考核体系是指企业在采购管理领域中建立一套系统化的评估机制，用于评估和衡量采购团队的绩效表现和工作成果。这种体系通过设定明确的目标和指标，对采购团队的工作进行定量和定性评估，以便监控和改进采购管理活动，提高效率和质量。

（2）应用案例

一家制造企业采取以下步骤建立绩效考核体系：

①制定采购绩效指标，包括采购成本节降率、供应商交付准时率、采购周期时效等，以量化衡量采购团队的绩效表现。

②收集和整理与采购活动相关的数据，如采购订单数量、采购成本、供应商评价等，通过数据分析评估采购团队的绩效情况。

③定期对采购团队的绩效进行评估，与团队成员进行绩效谈话，提出反馈和改进建议，帮助他们改进工作表现。

④根据绩效评估结果，设定激励机制，如绩效奖金、晋升机会等，激励团队成员提升绩效。同时，也要对表现不佳的团队成员提供培训支持或采取相应的奖惩措施。

通过建立绩效考核体系，这家制造企业可以更好地监控和管理采购团队的工作表现，促进团队成员持续提升工作绩效，实现采购活动的高效运作和持续改进。

（3）策略原理（见图2-8-1）

指定指标 → 分析数据 → 评估绩效 → 绩效激励

绩效考核体系通过设定明确的目标和指标，对采购团队的工作进行定量和定性评估，以便监控和改进采购管理活动，提高效率和质量。

图2-8-1 建立绩效考核体系策略原理

从原理图中，我们可以看到通过制定指标、分析数据、评估绩效和适当的绩效激励，采购团队能够搭建闭环的绩效考核体系，提高工作效率和质量。

（4）适用场景

建立绩效考核体系对于任何有意愿提升采购团队绩效和提高采购管理水平的企业都至关重要。

因此，企业应为采购组织和人员建立科学的绩效考核体系，推动采购人员获得更多降本增效。

2. 跨部门共担采购绩效指标

（1）策略定义

跨部门共担采购绩效指标是指在企业的采购管理过程中，相关部门共同承担采购管理的责任，通过制定和实施共同的绩效指标，实现采购管理的协同和优化。

（2）应用案例

一家企业的采购管理过程中，涉及多个部门的协同合作，需要实现采购管理的协同和优化。为此，该企业制定了跨部门共担的采购绩效指标，包括与设计部共担采购成本降低指标、与质量部共担供应商质量绩效提升指标、与IT部共担采购业务在线化率提升指标等。

通过执行跨部门共担采购绩效指标，该企业取得了以下成效：
①采购交期缩短了30%。
②采购成本降低了5%，供应商绩效提高了25%。
③采购业务在线化率提升了50%。

（3）策略原理（见图2-8-2）

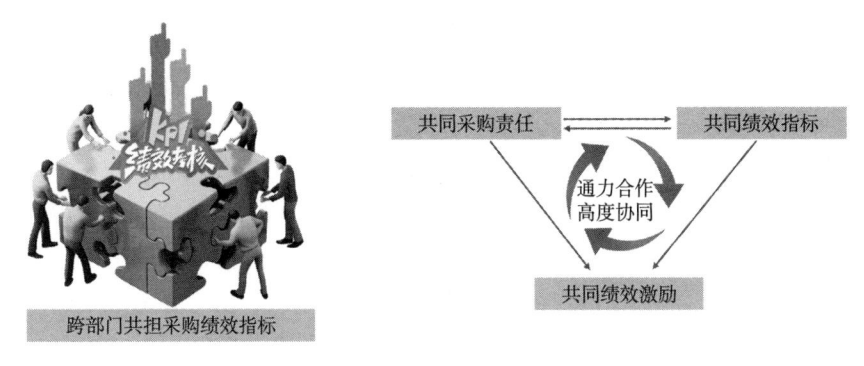

图 2-8-2　跨部门共担采购绩效指标策略原理

从原理图中，我们可以看到跨部门共担采购绩效指标的原理在于通过共担绩效指标促进部门间的通力合作、高度协同，从而完成仅靠一个采购部门无法完成的绩效任务。

（4）适用场景

①企业采购管理过程中，涉及多个部门的协同合作，需要实现采购管理的协同和优化。

②企业采购规模较大，采购管理涉及多个品类、多个供应商和多个采购流程，需要进行跨部门协同管理。

③企业采购管理涉及多个业务板块，需要进行跨部门协同管理，以实现采购管理的整体优化和效率提升。

④企业采购管理涉及多个地区、多个国家和多个文化背景，需要进行跨部门协同管理，以实现采购管理的文化融合和效率提升。

⑤企业采购管理中存在采购成本高、供应链风险大等问题，需要进行跨部门协同管理，以实现采购成本的控制和风险的降低。

总之，企业想要获得更多降本增效，就要推动跨部门共担采购绩效指标。

3. 设定采购流程绩效

（1）策略定义

设定采购流程绩效是指确定采购流程的成功标准和目标，以便对采购流程进行监控和评估，并确保采购流程能够达到企业的预期效果。采购流程绩效分为效率绩效和结果绩效。

（2）应用案例

一家制造企业主要生产电子产品。由于采购流程不规范，导致采购效率低下、品质不稳定等问题。为了解决这些问题，该企业决定设定采购流程绩效。

首先，该企业明确了采购流程的各个环节和责任人，并设定了采购流程绩效指标，包括紧急采购需求率、订单交付及时率、框架协议覆盖率、采购周期缩短率等。其次，该企业建立了采购流程绩效考核体系，对采购流程中的每个环节进行考核，并对考核结果进行分析和反馈。

通过流程绩效指标的设定和考核，该企业能够更好地掌握采购流程的执行情况，及时发现问题并进行纠正，缩短采购周期，提高采购效率和质量，为企业的发展提供了有力的支持。

（3）策略原理（见图 2-8-3）

从原理图中，我们可以看到采购流程的效率绩效指标包括采购需求审批周期、采购订单释放周期、供应商订单交付周期、收货确认周期、收货付款周期和采购需求满足周期等；采购流程的结果绩效指标包括紧急采购需求率、按承诺订单交付及时率、按计划订单交付及时率、降本统计、框架协议覆盖率和来料质量合格率等。通过对采购流程绩效设定

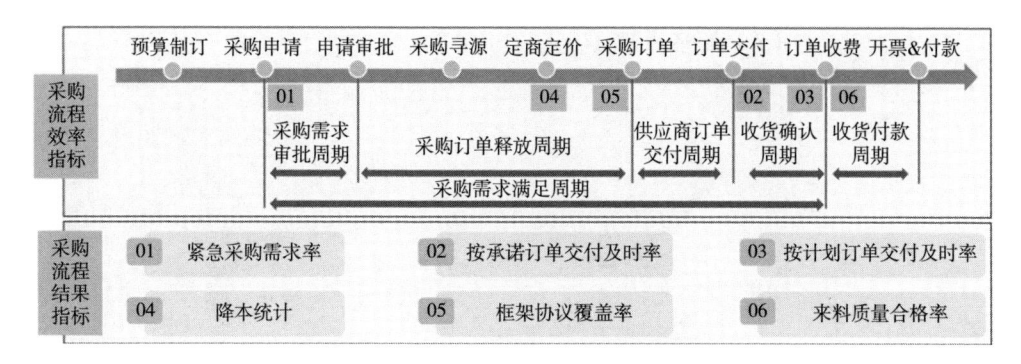

图 2-8-3 设定采购流程绩效策略原理

管理目标并加以监控，可以提升采购流程的效率和结果，带来更多降本增效。

（4）适用场景

任何想要改进采购流程且具有一定采购规模的企业都应设定采购流程绩效。

因此，企业应该按需设置采购流程绩效，获得更多降本增效。

4. 选择合理的降本计算方法

（1）策略定义

选择合理的降本计算方法是指在企业进行采购成本降低计划时，根据实际情况选择适合的采购降本计算方法，以便更准确地计算采购成本降低的结果。

（2）应用案例

一家制造企业的采购部门，在统一采用基于历史采购价格计算降本的方法后，发现该降本计算方法不适用于价格随市场频繁波动的大宗物料采购组，从而影响了大宗物料采购组创造降本绩效的积极性。

为了解决这个问题，该采购部门针对大宗物料的特性，将大宗物料的降本计算方法改为基于大宗物料市场行情计算降本。这样的改进能够指导大宗物料采购组集中精力研究市场行情，通过商情管理和商情采购等策略跑赢市场价格，从而为企业创造更多的降本业绩。

（3）策略原理（见图2-8-4）

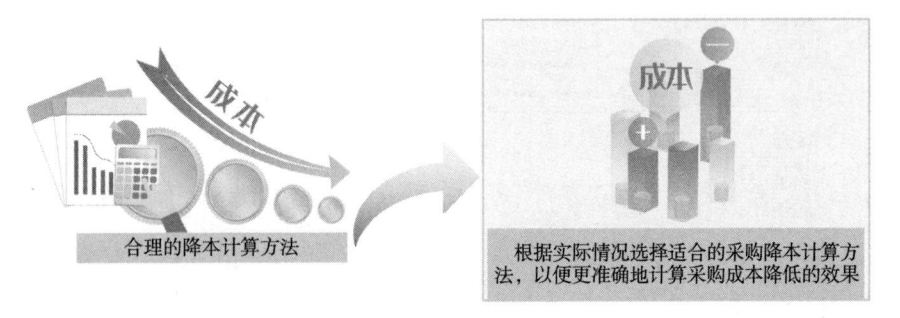

图 2-8-4　选择合理的降本计算方法策略原理

从原理图中，我们可以看到选择合理的降本计算方法的关键是与品类的实际情况结合，更准确地计算采购成本降低的效果，从而激发采购人员降本的积极性，为企业获得更多降本增效。

（4）适用场景

①如果企业的采购成本占比较高，那么选择合理的采购降本计算方法可以帮助企业更准确地掌握采购成本的情况，从而采取相应的降本措施。

②如果企业采购的品类较多，那么选择合理的采购降本计算方法可以帮助企业更准确地分析各个品类的采购成本情况，从而采取有针对性的降本措施。

因此，企业要审视降本计算方法的合理性，根据不同的采购需求和品类市场特性选择合理的降本计算方法提高采购人员降本增效的积极性，获得更多降本增效。

第九章　组织赋能

组织是一切业务的抓手。在采购管理中，先有组织后有岗位，才能创造出卓越的业绩。在采购组织的搭建和优化过程中，我们需要思考岗位设置是否合理、是否需要借助外部力量、如何培养人才，是否需要外包部分业务以及哪些管理能力需要提升。

在本章中，将介绍6个能够降低成本或提高效率的采购组织赋能策略，见表2-9-1，以帮助企业通过建立恰当的采购组织对采购业务持续赋能。

表2-9-1　6个降本增效的采购组织赋能策略

组织赋能			
1. 设立卓越运营岗位	2. 设立采购数字化管理岗位	3. 借助专家的帮助	4. 建立人才培养机制	5. 采购业务外包
6. 提升谈判能力				

1. 设立卓越运营岗位

（1）策略定义

设立卓越运营岗位是指在企业的采购部门中专门设立一个提升采购运营管理水平的职位，专门负责采购流程和采购策略的持续改进，以提高采购效率和降低采购成本。

（2）应用案例

一家化工企业的采购成本占企业总成本的比例较高，同时采购流程复杂，效率低下。为了降低采购成本和提高采购效率，该企业设立了采购卓越运营岗位。

该岗位的主要职责包括：

①分析采购数据，识别采购成本中的浪费和冗余，并提出降低采购

成本的措施。

②分析采购流程，寻找流程中的瓶颈和问题，并提出改进建议，从而提高采购效率，缩短采购交期。

③定期评估供应商的绩效，针对供应商的短板提出改进建议，并与供应商协商解决方案，从而提高供应商的绩效，保证供应链的稳定性和可靠性。

④研究市场动态和行业趋势，提出采购策略的改进建议，并协调采购部门和供应商实施，从而优化采购策略，提高企业的采购效益。

通过设立采购卓越运营岗位，该企业取得了一些显著的成果，包括采购成本降低、采购效率提高、供应商绩效提高、采购策略优化、采购流程简化和采购部门绩效提高。

（3）策略原理（见图2-9-1）

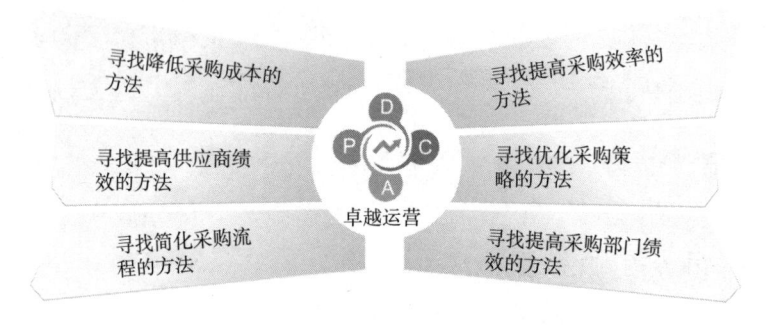

图 2-9-1　设立卓越运营岗位策略原理

从原理图中，我们可以看到卓越运营岗位的主要工作内容，表明该岗位对个人的采购管理专业能力要求很高，是企业内部的采购管理专家岗位。

（4）适用场景

①企业采购成本较高，需要寻找降低采购成本的方法。

②企业采购效率低下，采购流程烦琐，需要寻找提高采购效率的方法。

③企业的供应商绩效不佳，需要寻找提高供应商绩效的方法。

④企业的采购策略不合理，需要寻找优化采购策略的方法。

⑤企业的采购流程复杂，需要寻找简化采购流程的方法。

⑥企业的采购部门绩效不佳，需要寻找提高采购部门绩效的方法。

总之，具有一定规模的企业应该在采购组织中设立卓越运营岗位，获得更多降本增效。

2. 设立采购数字化管理岗位

（1）策略定义

设立采购数字化管理岗位是指在企业中设立一个专门负责采购数字化平台建设、维护和管理的岗位，以提高采购效率和采购管理水平，从而提高企业的竞争力和盈利能力。

（2）应用案例

一家电子科技企业在采购过程中，面临着采购流程复杂、采购数据量大、供应商众多等问题。为了提高采购效率和采购管理水平，该企业决定设立采购数字化管理员岗位，负责企业采购数字化平台的建设、维护和管理，主要职责包括采购流程数字化、供应商管理数字化、采购数据分析、采购风险管理等方面。具体职责包括：

①负责采购数字化平台的建设和维护，包括采购流程数字化、供应商管理数字化、采购数据分析等方面。

②负责采购数字化平台的管理，包括采购数据的收集、整理、分析和报告等。

③负责采购数字化平台的推广和培训，包括向采购团队和供应商介绍数字化平台的使用方法和优势。

④负责采购数字化平台的改进和优化，包括根据采购团队和供应商的反馈，改进数字化平台的功能和性能。

⑤负责采购数字化平台的风险管理，包括识别和管理数字化平台的安全风险、数据风险等。

通过设立采购数字化管理岗位，该企业成功地解决了采购过程中的难题，提高了采购效率和采购管理水平，降低了采购成本和采购风险。

（3）策略原理（见图 2-9-2）

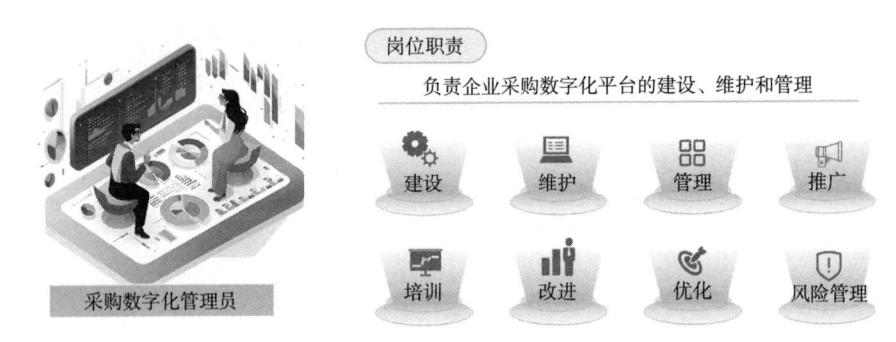

图 2-9-2　设立采购数字化管理岗位策略原理

从原理图中，我们可以看到采购数字化管理员的岗位职责。显而易见，采购数字化管理员是个专家岗位，对个人的采购管理与数字化管理水平要求较高。

（4）适用场景

①企业采购规模较大，采购流程复杂，需要对采购流程进行数字化管理，提高采购效率和采购管理水平。

②企业采购数据量较大，需要对采购数据进行收集、整理、分析和报告，以便更好地掌握采购情况和采购趋势，从而制定更加科学的采购策略。

③企业采购风险较高，需要对采购风险进行管理，包括识别和管理数字化平台的安全风险、数据风险等。

④企业采购团队和供应商较多，需要对采购团队和供应商进行数字化管理，包括供应商管理数字化、采购流程数字化等方面。

⑤企业采购数字化平台建设和维护需要专业人员进行管理，需要有专门的岗位来负责采购数字化平台的建设、维护和管理。

总之，具有一定规模的企业应该在采购组织中设立采购数字化管理岗位，挖掘数字价值，推动数字化技术在采购管理中的应用，获得更多降本增效。

3. 借助专家的帮助

（1）策略定义

借助专家的帮助是指在采购过程中，企业聘请具有丰富采购经验和专业知识的采购专家，为企业提供采购方面的咨询和辅导，帮助企业制定和实施更加科学、高效的采购策略，以达到降低采购成本、提高采购效率、优化供应链等目的。

（2）应用案例

一家制造企业在采购原材料时遇到了困难。他们的采购流程烦琐，供应商的绩效评估不够科学，采购成本高，采购效率低，供应链不稳定。为了解决这些问题，他们决定借助采购专家的帮助。

首先，采购专家对企业的采购流程进行了详细的分析，发现采购流程中存在烦琐的环节和重复的工作，导致采购效率低下。采购专家提出了优化和简化采购流程的建议，包括优化采购流程、简化采购环节、提高采购自动化程度等。这些措施大大提高了采购效率，缩短了采购周期。

其次，采购专家对企业的供应商进行了绩效评估，发现有些供应商的服务水平不够高，交货时间不稳定，导致企业的供应链不稳定。采购专家提出了优化供应商管理的建议，包括建立供应商绩效评估体系、优化供应商选择和管理、建立供应链风险管理机制等。这些措施大大提高了供应商的服务水平，保证了供应链的稳定性和可靠性。

最后，采购专家还对企业的采购成本进行了分析，发现存在一些浪费和冗余。采购专家提出了降低采购成本的建议。

通过借助采购专家的帮助，该企业成功地解决了采购流程烦琐、供应链不稳定、采购成本高等问题，提高了采购效率、优化了供应链、降低了采购成本，从而提高了企业的竞争力和盈利能力。

（3）策略原理（见图 2-9-3）

从原理图中，我们可以看到借助专家的帮助的原理是通过专家的帮助提升采购管理水平，识别采购成本中的浪费和冗余，寻找流程中的瓶

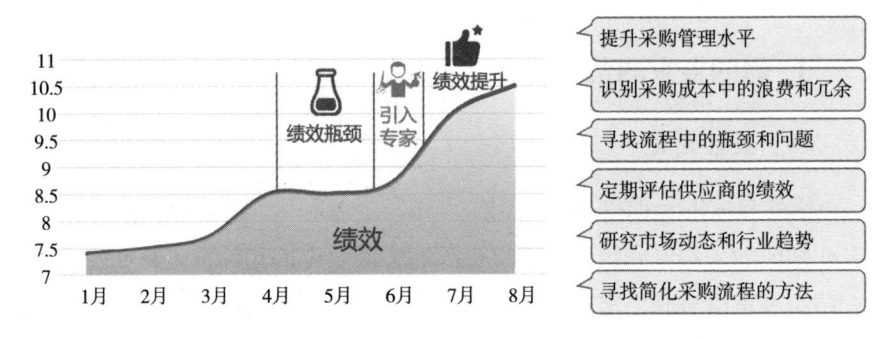

图 2-9-3　借助专家的帮助策略原理

颈和问题，定期评估供应商的绩效，研究市场动态和行业趋势，寻找简化采购流程的方法，以便提升采购绩效。

(4) 适用场景

①企业采购管理能力较弱，需要借助采购专家的经验和知识来提升采购管理水平。

②企业采购成本较高，需要借助采购专家的帮助来识别采购成本中的浪费和冗余，并提出降低采购成本的措施。

③企业采购效率较低，需要借助采购专家的帮助来分析采购流程，寻找流程中的瓶颈和问题，并提出改进建议，从而提高采购效率，缩短采购周期。

④企业供应链不稳定，需要借助采购专家的帮助来定期评估供应商的绩效，针对供应商的短板提出改进建议，并与供应商协商解决方案，从而提高供应商的绩效，保证供应链的稳定性和可靠性。

⑤企业采购策略不合理，需要借助采购专家的帮助来研究市场动态和行业趋势，提出采购策略的改进建议，并协调采购部门和供应商实施，从而优化采购策略，提高企业的采购效益。

⑥企业采购流程烦琐，需要借助采购专家的帮助来分析采购流程，寻找简化采购流程的方法，并协调相关部门进行改进，从而简化采购流程，提高采购效率。

总之，企业可以借助专家的帮助提升采购绩效，获得更多降本增效。

4. 建立人才培养机制

（1）策略定义

建立人才培养机制是指企业在采购管理领域中制定和实施一系列系统化的计划、政策和程序，旨在培养和发展具有采购专业知识和技能的人才。这种机制涵盖了从招聘、培训到职业发展的全过程管理，以确保企业采购团队的人才结构和素质得到持续提升和优化。

（2）应用案例

一家制造企业意识到采购团队的专业知识和技能对企业的采购管理至关重要，于是决定建立一个完善的人才培养机制。

首先，制定明确的采购人才招聘标准，如要求具有相关专业背景和经验，能够适应企业的采购管理需求。通过面试、测试等环节选拔出最适合的候选人加入采购团队。

其次，为新入职的采购人员提供系统化的培训计划，包括采购流程、供应商管理、品类管理、谈判技巧等方面的培训。同时，为现有员工提供持续的专业培训和发展机会，帮助他们不断提升采购技能和知识。

再次，制定激励机制，如绩效奖金、晋升机会、专业认证等，激励采购团队积极学习和提升，保持工作动力。

最后，建立定期的岗位专业能力评估体系，对采购人员与岗位要求相关的专业能力进行评估和反馈。通过定期的个人评估，为员工提供成长和改进的机会。

通过这些措施，这家制造企业建立了一个完善的人才培养机制，不断提升采购团队的整体素质和绩效水平，为企业的采购活动提供持续的支持和保障。

（3）策略原理（见图2-9-4）

从原理图中，我们可以看到人才培养机制包括人才招聘、人才培训和职业发展三个方面，以便持续优化和提升采购团队的人才结构和素质。

图 2-9-4　建立人才培养机制策略原理

(4) 适用场景

①在快速变化和发展的行业中,如科技、互联网等领域,建立人才培养机制可以确保企业采购团队与行业发展同步,适应市场变化。

②在需要高度专业化知识和技能的行业中,如汽车、医疗、制药等领域,建立人才培养机制可以确保采购团队具备必要的专业知识和技能。

③在开展国际贸易或跨国采购业务时,建立人才培养机制可以帮助采购团队了解国际市场和贸易规则,提高跨文化沟通和谈判能力。

总之,具有一定规模的企业都应建立完善的采购人才培养机制,从而获得更多降本增效。

5. 采购业务外包

(1) 策略定义

采购业务外包是指将企业内部采购业务的一部分或全部委托给专业的采购服务供应商进行管理的采购策略。

(2) 应用案例

一家制造企业在进行间接采购时,由于采购流程烦琐、采购人员专业能力不足等问题,导致采购效率低下、成本高昂。为了解决这些问题,该企业决定将间接采购业务外包给专业的采购服务企业。

首先,采购服务企业对该企业的间接采购流程进行了全面的调研和分析，发现流程中存在很多不必要的环节和重复的工作，导致采购效率低下。为了解决这个问题，采购服务企业与该企业合作，对间接采购流程进行了优化和简化，并对采购流程中的每一个环节进行了标准化和规范化，提高了采购效率和质量。

其次，采购服务企业对该企业的供应商进行了全面的评估和筛选，建立了供应商数据库，并与部分供应商建立了长期的合作关系，确保了采购的品质和稳定性。

最后，采购服务企业安排专业的采购人员运营该企业的间接采购业务，在工作中不断发现降本增效机会。

通过间接采购业务外包，该企业成功地解决了间接采购流程烦琐、采购人员专业能力不足等问题，提高了采购效率和质量，降低了采购成本和风险，为企业的长期发展奠定了更加稳固的基础。

（3）策略原理（见图2-9-5）

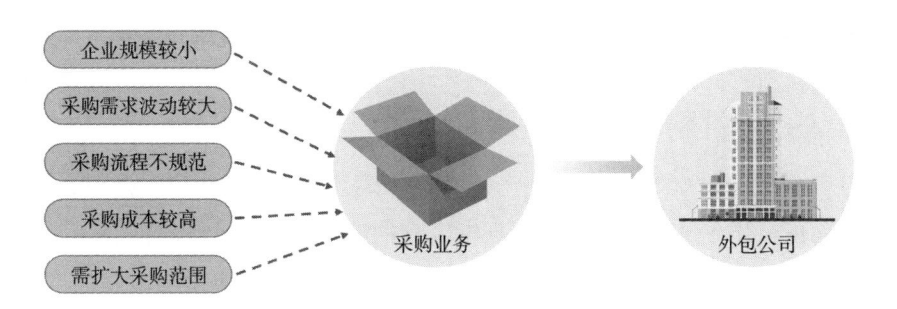

图 2-9-5　采购业务外包策略原理

从原理图中，我们可以看到将采购业务外包的触发条件包括企业规模较小、采购需求波动较大、采购流程不规范、采购成本较高、需扩大采购范围等。

（4）适用场景

①当企业规模较小，没有足够的采购人员和专业知识时，采购业务外包可以让企业将采购工作交给专业的采购服务商，减轻企业内部的工作压力。

②当企业采购需求波动较大，需要灵活调整采购人员数量和采购流

程时，采购业务外包可以提供弹性的采购服务，避免企业因采购需求波动而影响采购效率。

③当企业内部采购流程不规范，采购管理混乱时，采购业务外包可以引入专业的采购管理流程，提高采购效率和管理水平。

④当企业采购成本较高，需要降低采购成本时，采购业务外包可以通过采购服务商的资源整合和采购策略优化，降低企业的采购成本。

⑤当企业需要扩大采购范围，寻找新的供应商和市场时，采购业务外包可以通过采购服务商的全球采购网络和供应商资源，帮助企业扩大采购范围，提高采购竞争力。

总之，企业应该审视采购业务，按需通过采购业务外包降本增效。

6. 提升谈判能力

（1）策略定义

提升谈判能力是指通过学习、培训和实践等方式，不断提高采购人员在谈判中的技巧和能力。

（2）应用案例

一家企业对采购人员进行了专业的采购谈判培训，定期举办内部谈判竞赛，并在学习了"绝不接受供应商的第一次报价""保持坚定的立场""创造竞争氛围""了解底线""进行利益交换"等专业谈判技巧后，采购人员的谈判能力得到了显著提升。例如，一位采购人员通过营造竞争氛围的方式成功促使一家多年不降价的供应商降价3%，为企业每年节省了数百万元；一位采购人员在一次重要谈判中通过利益交换成功让供应商在采购单价上降低了1元，相当于降价1.5%，为企业的利润增长做出了贡献。

（3）策略原理（见图2-9-6）

从原理图中，我们可以看到采购人员在工作中有很多与供应商谈判的议题，因此通过学习、培训和实践等手段提升采购人员的谈判能力对于企业获取降本增效十分重要。

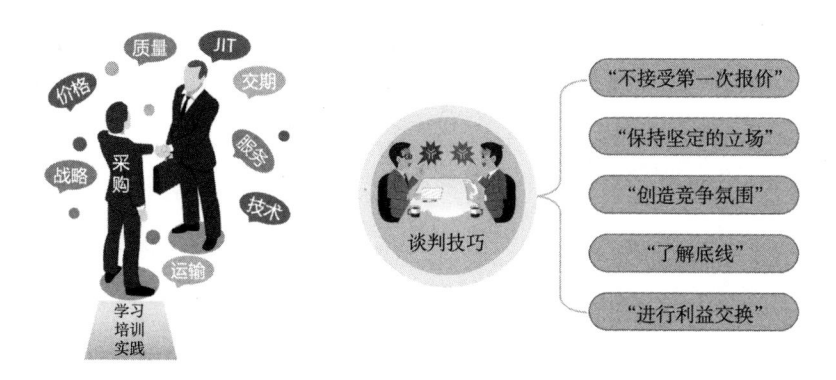

图 2-9-6　提升谈判能力策略原理

（4）适用场景

①在与供应商进行谈判时，提升采购谈判能力可以帮助采购人员争取更有利的合作条件，如价格、付款条款、交货时间等。这适用于所有采购项目，无论是大宗物资采购还是服务采购。

②在与供应商签订合同之前，采购人员需要进行合同谈判，以确保合同条款符合企业的利益和需求。提升采购谈判能力可以帮助采购人员在合同谈判中更好地保护企业的权益。

③在面对紧急采购需求时，采购人员需要快速与供应商进行谈判，以确保及时供应。提升采购谈判能力可以帮助采购人员在紧急情况下更好地应对供应商的谈判策略，确保采购的顺利进行。

因此，企业应该提升采购人员的谈判能力，获得更多降本增效。

第三篇
跨部门协同策略

在前两篇中，我分别介绍了74个采购业务策略和38个采购管理策略，为大家提供了丰富的参考和指导。

在本篇中，将聚焦与采购业务关联最紧密的质量部、设计部和财务部，介绍23个跨部门协同策略，见表3-0-1。这些策略涵盖了质量协同、设计协同和财务协同三个方面，帮助大家更好地理解和应用跨部门协同策略，提升采购管理的能力和成果。

表 3-0-1　23 个降本增效的跨部门协同策略

跨部门协同策略		
质量协同	设计协同	财务协同
1. 简化质检	1. 标准化	1. 供应链金融
2..品控前移	2. 通用化	2. 现金折扣
3. 基地间物料质量互认	3. 模块化	3. 延长账期
4. 供应商多基地质量互认	4. 兼容设计	4. 缩短账期
5. 供应商质量的一致性	5. 产品对标	
6. 让步接收与质量过剩	6. 技术交流	
7. 质量辅导	7. 联合开发	
8. 质量早期介入	8. 知识产权买断	
	9. 技术路标协同	
	10. 价值工程与价值分析	
	11. 分级管理工程变更	

第十章　质量协同

对于制造企业而言，质量部门是与采购部门业务关系最为紧密的部门，其与采购部门的协同合作对于创造价值至关重要。

在这个过程中，我们需要思考质量部门需要改进的方面，以及质量部门可以提供帮助的领域，同时也需要审视是否存在质量要求过剩的情况。

在本章中，将介绍8个通过质量协同推动降本增效的策略，见表3-10-1，以帮助企业在质量协同方面取得更好的结果。

表3-10-1　8个降本增效的质量协同策略

质量协同			
1. 简化质检	2. 品控前移	3. 基地间物料质量互认	4. 供应商多基地质量互认
5. 供应商质量的一致性	6. 让步接收与质量过剩	7. 质量辅导	8. 质量早期介入

1. 简化质检

（1）策略定义

简化质检是指通过简化质检流程，提高质检效率和质量，降低质检成本和时间的一种策略。目的是在保证产品质量的前提下，尽可能地减少不必要的质检环节，提高生产效率和产品竞争力。

（2）应用案例

苹果公司在生产过程中采用了多种简化质检策略。例如，采用自动化检测设备来检测产品的质量（如采用机器视觉系统、X射线检测等技术，自动检测产品的尺寸、外观、电池等关键质量特性），提高了质检效率和准确性；采用抽样检验来检测产品的质量来判断产品质量是否符合要求，减少了质检时间和成本；优化质检流程（如采用充电、测试、包装流程，将质检环节集中在生产线上），提高了生产效率和产品质量；引入统计过程控制，通过对生产过程的监控，减少了质检环节，提高了产品质量和生产效率。

（3）策略原理

从原理图（见图 3-10-1）中，我们可以看到简化质检的原理是简化从物料入厂到成品出厂的检验环节，提高质检效率和质量。

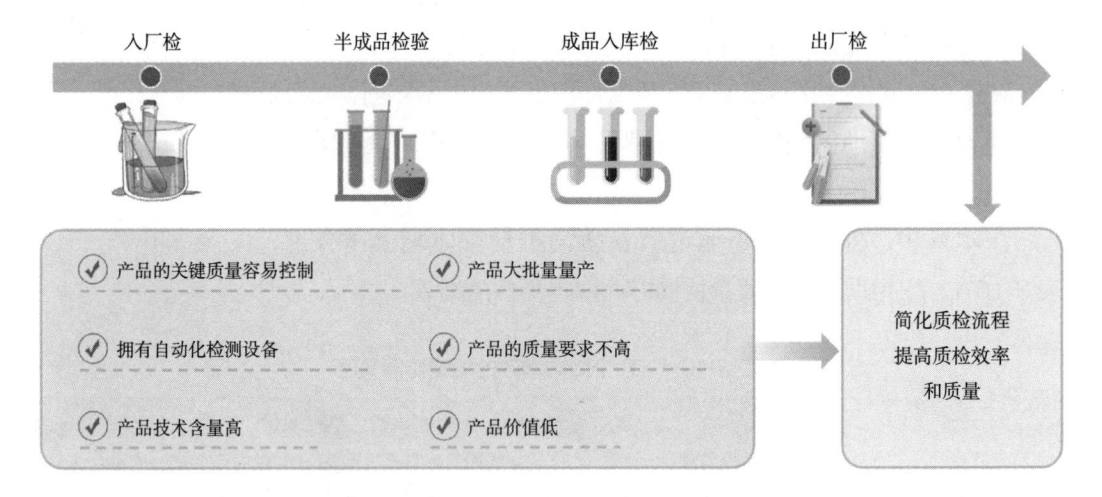

图 3-10-1　简化质检策略原理

（4）适用场景

①当产品的生产工艺稳定，产品质量相对稳定，且产品的关键质量特性容易控制时，可以简化质检。

②当生产过程中采用了自动化生产设备，可以引入自动化检测设备，提高质检效率和准确性。

③当产品的技术含量较高，需要进行专业化的质检时，可以采用抽样检验和统计过程控制等策略，减少质检时间和成本。

需要注意的是，简化质检不适用于产品质量要求高、生产工艺不稳定、产品的关键质量特性难以控制等情况。

因此，采购人员应该思考和识别简化质检的机会，推动质量管理人员酌情简化质检，为企业降本增效。

2. 品控前移

（1）策略定义

品控前移是指在采购过程中，将品质控制的职责前移至供应商，通过与供应商的合作来确保采购物资的品质，从而提高产品质量、降低质量成本和缩短入库检验周期的策略。

（2）应用案例

一家汽车制造企业在生产过程中，需要大量使用电子元器件。由于电子元器件的质量对汽车的性能和安全有着至关重要的影响，因此企业非常重视电子元器件的质量控制。然而，由于电子元器件的生产和测试过程比较复杂，企业很难对每个环节进行有效的监控和控制。

为了解决这个问题，企业决定将品控前移至供应商。他们与电子元器件供应商合作，要求供应商在出货前进行自检和抽样检验，确保产品的质量符合要求。同时，企业还要求供应商提供完整的质量保证文件和测试报告，以便企业对供应商的质量进行持续监控和评估。

通过品控前移至供应商，企业可以更加高效地监控电子元器件的质量。而供应商也可以根据企业的要求进行自检和抽样检验，及时发现和纠正问题，提高产品的质量水平。双方的合作关系也更加紧密，能够共同推动质量管理的持续改进。

（3）策略原理（见图3-10-2）

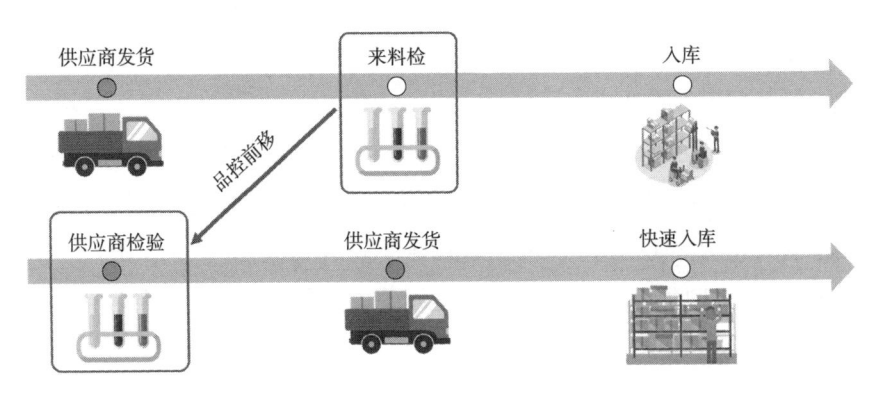

图 3-10-2　品控前移策略原理

●-供应商处；○-企业处

从原理图中，我们可以看到品控前移的原理是将企业的品控环节移动到前置环节，如前移至供应商处，以便降低质量成本，缩短入库检验时间，提升生产效率。

（4）适用场景

当企业所采购物资的品质对产品质量、生产效率、产品成本或企业形象有一定影响时，需要使用品控前移策略以便消除影响。

因此，采购人员应该识别品控前移的机会，组织质量管理人员与供应商协同推动品控前移，为企业降本增效。

3. 基地间物料质量互认

（1）策略定义

基地间物料质量互认是指在一个企业的不同生产基地之间，建立物料质量标准的一致性和互认机制，免除企业的不同基地对相同供应商的相同物料的重复认证工作。

（2）应用案例

某公司是全球知名的科技公司，其产品涵盖了电子设备、计算机和通信设备等多个领域。为了满足不同产品的制造需求，该公司在全球范围内建立了多个生产基地和供应链网络。

在科技公司的供应链管理中，基地间物料质量互认是指该公司在一个基地的供应商已经通过认证，并且其物料已经被认可为符合该公司的质量和标准要求。在其他基地中，公司可以直接采购通过认证的供应商的物料，而无须重新进行认证。

这种做法可以带来多个好处。首先，它可以节省时间和资源，避免在每个基地重新进行供应商认证的过程。其次，可以提高供应链的灵活性和响应速度，使公司能够更快地满足不同基地的生产需求。最后，这种做法还可以加强采购方与供应商之间的合作和信任，从而推动供应链的创新和改进。

（3）策略原理（见图3-10-3）

从原理图中，我们可以看到基地间物料质量互认的重要作用在于"一次认证，多处使用"，从而降低认证成本，提高认证和使用效率。

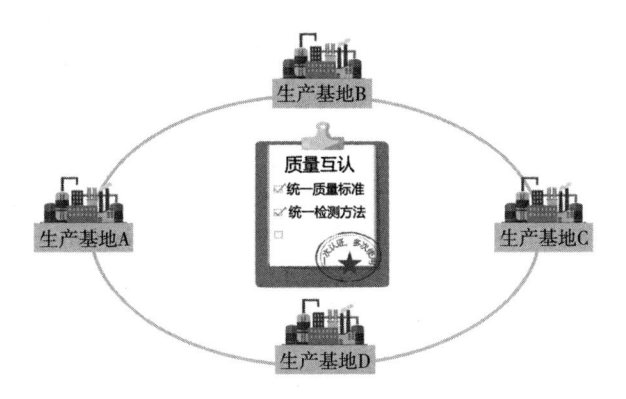

图 3-10-3　基地间物料质量互认策略原理

（4）适用场景

当企业在多个基地使用同一物料时，在确保物料质量的一致性的前提下，需要实施基地间物料质量互认策略，免除不同基地对相同物料的重复认证。

因此，采购人员应识别基地间物料质量互认的需求，推动基地间物料质量互认以稳定供应链，为企业降本增效。

4. 供应商多基地质量互认

（1）策略定义

供应商多基地质量互认是指一个供应商在其多个生产基地中，通过客户或认证机构的审核和评估，获得了符合特定标准和要求的质量认证。基于此，客户应认可和信任供应商不同基地间物料的质量一致性，免除针对同一供应商不同生产基地的重复认证。

（2）应用案例

一家全球化的汽车零部件厂商存在着位于多个大洲的多个生产基地为同一整车厂提供同一汽车零部件的业务场景。由于该汽车零部件厂商对生产基地实施了高度标准化的管理，就连不同生产基地间的厂房面积、布局、设备和质量管理体系都是统一的，整车厂对该汽车零部件厂商不同生产基地实行了质量互认。当某一生产基地无法及时供应某一零部件时，整车厂可以从该汽车零部件厂商的另一个生产基地直接采购并使用这一零部件,无须对该零部件进行质量认证。

通过实施供应商多基地质量互认策略,整车厂的交付及时率获得显著提升,供应风险得到有效控制,还节约了质量管理成本。

(3)策略原理(见图3-10-4)

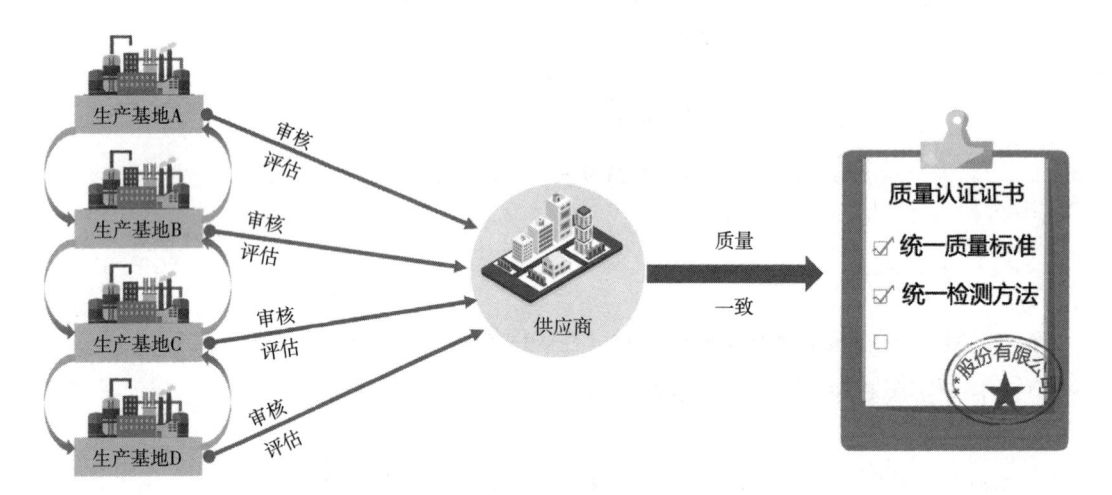

图3-10-4 供应商多基地质量互认策略原理

从原理图中,我们可以看到供应商多基地质量认证的实质是客户的认证和供应商质量管理的一致性,从而允许一次认证后由供应商的多个基地供应同一部件或材料。

(4)适用场景

当供应商在多个基地生产同一部件或材料时,可以通过审核和评估,获得在多个基地的质量管理体系和产品质量符合特定标准和要求的认证,从而采用供应商多基地质量互认的方式,提高供应链的稳定性和效率。

因此,当存在供应商多基地供应的场景时,采购人员应该推动质量管理人员对于质量管理一致性强的供应商实施供应商多基地质量互认策略,加快物料导入速度,稳定供应链,节省认证费用。

5. 供应商质量的一致性

（1）策略定义

供应商质量的一致性是指在不同时间和不同阶段下，供应商提供的产品或服务需要具有相同的质量特性，符合企业的要求和期望。

（2）应用案例

一家汽车零部件制造企业在生产过程中发现部分物料的质量不稳定，导致产品的缺陷率较高。为了解决这个问题，企业决定实施试样的供应商和量产的供应商必须一致的策略。

具体来说，企业要求在试样阶段，必须使用量产的供应商提供的物料进行生产，并对试样进行严格的品控和测试。如果试样合格，企业才会与供应商签署正式的采购合同，并要求供应商在量产阶段继续提供相同的物料。

通过试样的供应商和量产的供应商必须一致的策略，企业成功地保持了质量的一致性，降低了产品的缺陷率，提高了产品的质量稳定性和客户满意度。

（3）策略原理（见图 3-10-5）

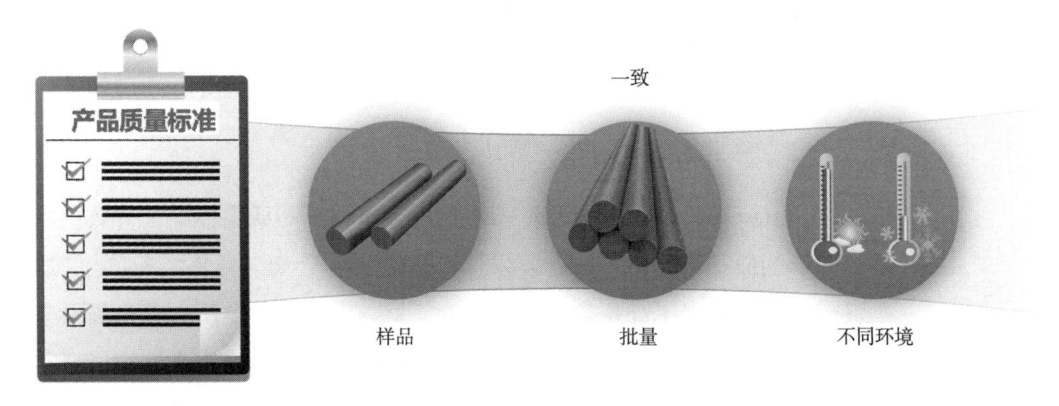

图 3-10-5　供应商质量的一致性策略原理

从原理图中，我们可以看到供应商质量的一致性在于供应商的产品无论在样品阶段、批量生产阶段还是在其他不同的使用环境下的质量标准和质量表现应该完全一致。

（4）适用场景

①在高风险行业，如医疗器械、航空航天等领域，产品的质量和安全性至关重要。在这些行业中，供应商质量一致性要求是必不可少的，以确保供应商能够持续地提供符合标准和要求的产品。

②在高度标准化的生产过程中，如汽车制造、电子产品制造等行业，供应商质量一致性要求是必要的。这些行业对于供应商提供的零部件和原材料的质量要求非常严格，以确保最终产品的质量和性能。

③对于注重品牌形象和声誉的企业来说，供应商质量一致性要求是非常重要的。供应商提供的产品和服务直接影响到企业的品牌形象和声誉，因此需要确保供应商能够持续地提供高质量的产品和服务。

总之，采购人员应识别符合供应商质量一致性要求的场景，在不同阶段选用相同供应商，降低质量风险，为企业降本增效。

6. 让步接收与质量过剩

（1）策略定义

让步接收是指在供应商和企业之间进行的一种协商，即企业在一定条件下接受不符合质量要求的产品或服务，并允许供应商进行修复或改进，以达到质量要求。

从降本增效的角度看，通过收集和分析让步接收的执行效果，采购人员可以发现质量过剩的问题，通过降低质量标准为企业降本增效。

（2）应用案例

一家新材料企业对某种生产物料设定了很高的质量标准，导致供应商提供的原材料经常不符合要求。为了确保生产线的供应，该企业的质量团队经常不得不让步接收不合格的原材料，而采购团队则需要与供应商协商折扣价格。经过一段时间后，采购团队发现接受不合格原材料并没有对新材料的质量和性能产生明显的负面影响。同时，供应商也同意在降低质量标准的情况下提供15%的价格优惠。基于这一发现，采购团队促使研发和质量团队降低质量标准，以降低采购成本并避免频繁地让步接收。

（3）策略原理（见图 3-10-6）

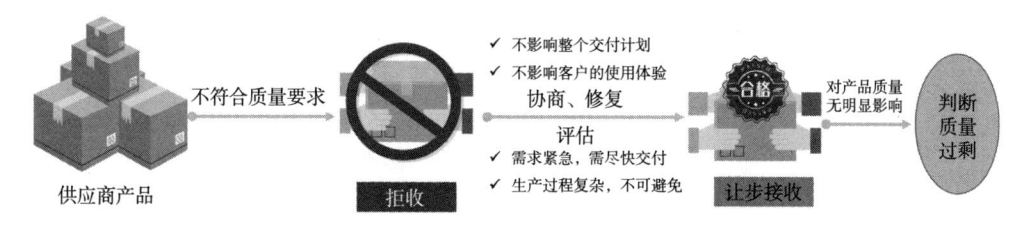

图 3-10-6　让步接收与质量过剩策略原理

从原理图中，我们可以看到让步接收产生的原因，判断与处理的方法以及对质量过剩的信息收集与判断。

（4）适用场景

当企业的质量标准要求高，导致行业内的供应商普遍存在产品质量不稳定或者质量管理成本高的问题，企业可以首先采用让步接收的方式满足生产需求，再监控对产品质量的影响。如果发现质量过剩，则应降低质量标准并获得成本降低。

因此，对于尚未实施让步接收策略的企业，采购人员应酌情推动让步接收，以便分析判断质量要求是否过剩，为企业降本增效。

7. 质量辅导

（1）策略定义

质量辅导是指对供应商进行质量管理方面的指导和培训，帮助供应商提高产品或服务的质量，降低成本，提高交货准时率和客户满意度，从而使企业的采购成本和风险得到控制和降低。

（2）应用案例

一家汽车制造商对其零部件供应商进行质量辅导，通过对供应商的质量管理体系进行评估和诊断，发现了一些存在的问题，如质量标准不一致、流程不规范等。

该企业于是制定了相应的质量管理规划和实施方案，对供应商进行了培训和指导，并建立了监控和跟踪机制。

通过持续的考核和评价，该企业帮助供应商提高了质量管理水平，降低了不合格品的产生率，提高了产品的质量和客户满意度。

（3）策略原理（见图3-10-7）

质量辅导

- ✓ 企业对供应商的质量管理要求较高
- ✓ 产品质量不稳定
- ✓ 企业依赖于供应商提供的关键零部件或原材料
- ✓ 供应商的交货期和服务质量不稳定
- ✓ 供应商数量较多，需要对其进行统一的质量管理

图 3-10-7　质量辅导策略原理

从原理图中，我们可以看到质量辅导的原因和需要解决的问题。

（4）适用场景

①企业对供应商的质量管理要求较高，但供应商的质量管理水平不足，需要进行质量辅导以提高其质量管理水平。

②企业要求供应商的产品质量达到一定的标准，但供应商的产品质量不稳定，需要进行质量辅导以提高产品的质量稳定性。

因此，采购人员应该按需推动质量辅导，为企业降本增效。

8. 质量早期介入

（1）策略定义

质量早期介入（EQI）是指在产品设计和开发的早期阶段，将质量管理作为一个重要的因素，通过早期的干预和参与，提前发现和解决潜在的质量问题，以确保产品的质量和客户满意度。

（2）应用案例

一家汽车零部件制造企业在开发新产品时，发现之前的产品存在一些质量问题，导致客户投诉和退货率较高。为了避免类似问题的再次发生，企业决定实施质量早期介入。

企业在产品开发的早期阶段，邀请了供应商、设计师、工程师和品质工程师等多个部门的人员参与，共同制定产品的质量标准和测试方案。企业还要求供应商提供详细的物料和工艺参数，并进行严格的品控和测试。

在产品开发的过程中，企业进行了多次的样品测试和评估，并对测试结果进行了分析和改进。企业还与供应商进行了多次的沟通和协商，共同解决了一些问题，并对供应商进行了培训和指导，提高了供应商的品控技术和水平。

最终，企业开发出了符合客户需求和质量标准的新产品，并在生产过程中实施了严格的品控和测试。通过质量早期介入的措施，企业成功地避免了之前产品的质量问题，提高了产品的质量稳定性和客户满意度。同时，企业还通过与供应商的合作，实现了供应链的优化和协同发展，提高了企业的竞争力和市场地位。

（3）策略原理（见图 3-10-8）

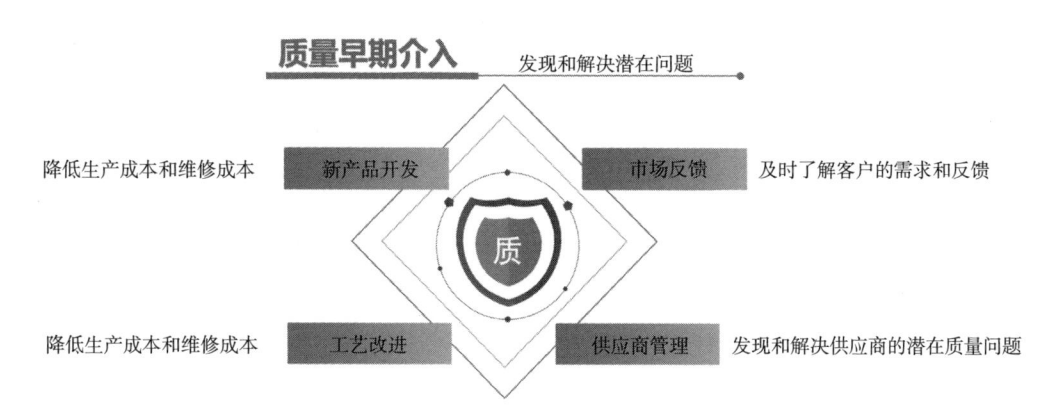

图 3-10-8　质量早期介入策略原理

从原理图中，我们可以看到质量早期介入的原理是在新产品开发早期，及时了解客户需求，制定合理的质量标准，通过工艺改进和供应商改进，提前发现和解决潜在质量问题。

（4）适用场景

在新产品开发过程中，质量早期介入可以帮助企业发现和解决潜在的质量问题，提高产品的质量和性能，降低生产成本和维修成本，增强客户的满意度和品牌形象。

因此，采购人员应该按需推动质量早期介入，为企业降本增效。

第十一章　设计协同

美国现代管理思想先驱汤姆·皮特斯（Tom Peters）先生曾说过："70%的产品成本是由设计决定的"。这表明设计部门对于采购降本增效的成果有着重要的影响。

在与设计部门协同推动采购降本增效的过程中，我们需要思考采购对于设计的要求是什么，如何辅助设计部门提升产品的标准化、通用化和模块化水平，如何推动设计部门与供应商协同，以及如何高效地管理工程变更。

在本章中，将介绍11个通过设计协同推动降本增效的策略，见表3-11-1，以帮助企业在设计协同方面取得更好的结果。

表 3-11-1　11个降本增效的设计协同策略

设计协同			
1. 标准化	2. 通用化	3. 模块化	4. 兼容设计
5. 产品对标	6. 技术交流	7. 联合开发	8. 知识产权买断
9. 技术路标协同	10. 价值工程与价值分析	11. 分级管理工程变更	

1. 标准化

（1）策略定义

标准化是指将零部件的质量、规格、性能、结构等方面的技术指标加以统一规定并作为标准来执行。

（2）应用案例

一家车载空调生产厂对板材和管材做了标准化整合，实现了29%的降本，见表3-11-2。

表 3-11-2　标准化整合表

序号	分　类	整合前数量	整合后数量	压缩率
1	板材标准	40	20	50%
2	板材型号	2 000	150	85%
3	管材标准	15	5	67%
4	管材型号	120	60	50%

（3）策略原理（见图 3-11-1）

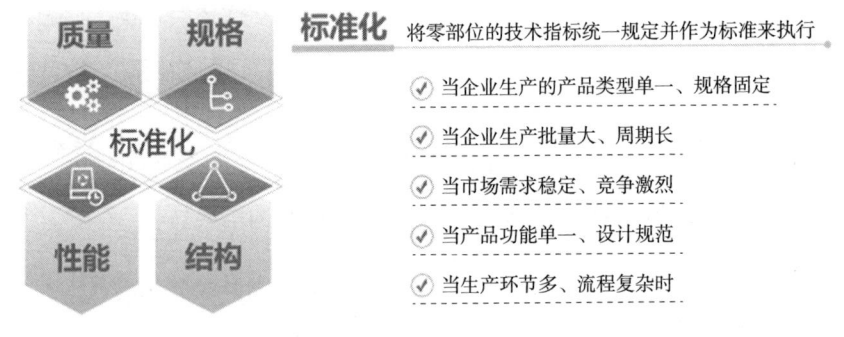

图 3-11-1　标准化策略原理

从原理图中，我们可以看到标准化是将零部件的质量、规格、性能、结构等指标进行统一规定并作为标准来执行。

（4）适用场景

①当企业生产的产品类型单一、规格固定时，可以采用产品标准化的方式来提高生产效率和降低成本。例如，生产标准化的电视、冰箱、洗衣机等家电产品。

②当企业生产批量大、周期长时，可以采用产品标准化的方式来提高生产效率和稳定性。例如，生产标准化的汽车、机床、工业机器人等产品。

③当市场需求稳定、竞争激烈时，可以采用产品标准化的方式来提高产品质量和稳定性，降低生产成本，提高企业的竞争力。例如，生产标准化的医疗器械、建筑材料等产品。

④当产品功能单一、设计规范时，可以采用产品标准化的方式来提

高产品的一致性和可靠性，降低生产成本。例如，生产标准化的门窗、照明设备等产品。

⑤当生产环节多、流程复杂时，可以采用产品标准化的方式来简化生产流程，提高生产效率和质量稳定性。例如，生产标准化的电子元器件、半导体器件等产品。

需要注意的是，过分强调产品标准化，将无法满足部分客户个性化的需求，降低产品价值。

因此，采购人员应按需识别产品标准化设计的机会并加以推动，为企业降本增效。

2. 通用化

（1）策略定义

通用化是指企业在产品设计阶段采取的一种策略，通过设计通用的产品模块、零部件或工艺流程，使得不同的产品可以共享同一种模块、零部件或工艺流程，从而降低产品的开发成本、制造成本和库存成本，提高生产效率和市场竞争力。

（2）应用案例

一家家电企业通过对空调、电视、洗衣机产品所使用的电缆进行通用化管理，成功将原本需要采购的320种电缆减少到67种。这一举措不仅极大地简化了电缆采购过程，还有效降低了20%的电缆采购支出。这不仅节约了采购成本，还提高了采购效率，为企业带来了显著的经济效益。同时，通用化管理还有助于提升供应链的灵活性和响应能力，为企业未来的产品创新和发展提供了更大的空间。

（3）策略原理（见图3-11-2）

从原理图中，我们可以看到通用化的原理是增加产品、部件或工艺的通用性，减少SKU或生产工艺的差异，实现降本增效。

（4）适用场景

①企业产品线较多，需要降低生产成本和库存成本，提高生产效率

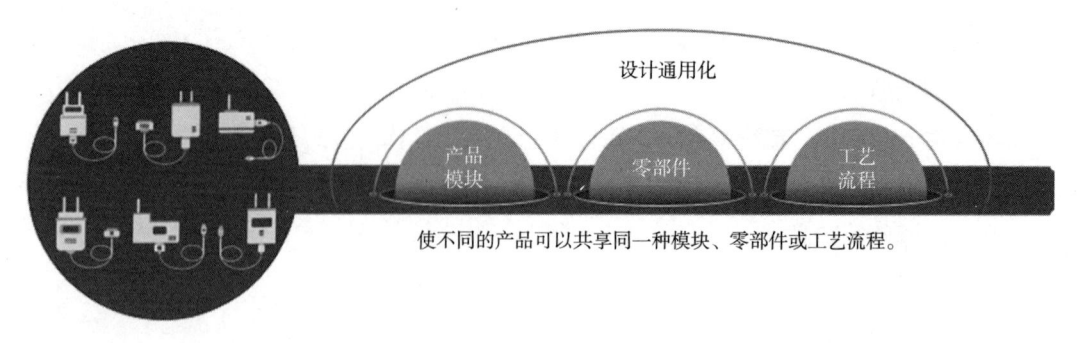

图 3-11-2　通用化策略原理

和产品质量。

②企业产品差异较小，通过通用化设计可以降低设计和生产成本，提高产品竞争力。

③企业产品更新换代较快，需要快速推出新产品，通过通用化设计可以降低产品开发时间和成本。

因此，采购人员应按需推动产品通用化设计，为企业降本增效。

3. 模块化

（1）策略定义

模块化是一种将产品分解为相互独立、可重复和可组合的模块的设计方法。模块化设计将产品的各个部分分解为独立的模块，每个模块可以独立设计、制造和测试，也可以与其他模块组合成不同的产品。

模块化设计可以提高产品的可维护性、可扩展性、可重用性和可定制性，降低产品的设计和制造成本，提高产品的质量和效率。

（2）应用案例

宜家家居采用了模块化设计，将家具分解为多个模块，如框架模块、面板模块、抽屉模块等，每个模块可以独立设计、制造和组装，方便客户自由组合和定制。在保证良好的质量和多个款式的同时，有效地控制物料成本。

（3）策略原理（见图 3-11-3）

从原理图中，我们看到模块化的要点在于产品不同模块的独立性、

模块化

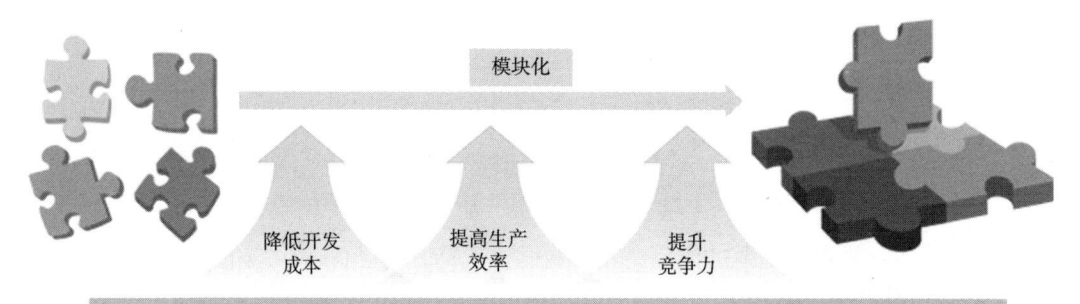

降低开发成本　提高生产效率　提升竞争力

模块化：是将一种产品分解为相互独立、可重用、可组合的模块的设计方法

图 3-11-3　模块化策略原理

重用性和组合性，以便降低开发成本、提高生产效率，提升竞争力。

（4）适用场景

①对于复杂产品，如电子产品、机械设备、汽车等，采用模块化设计可以将产品分解为多个模块，方便设计和制造，提高产品质量和生产效率。

②对于需要生产多种不同型号的产品，采用模块化设计可以将产品模块化，方便组合和定制，同时减少重复设计和制造，提高生产效率和灵活性。

③对于市场需求变化较快的产品，采用模块化设计可以快速调整产品结构和功能，满足市场需求，提高市场竞争力。

④对于需要维护和升级的产品，采用模块化设计可以方便维护和升级，减少停机时间和维修成本，提高产品可靠性和使用寿命。

⑤对于需要提高产品质量和性能的产品，采用模块化设计可以将产品分解为多个模块，对每个模块进行优化和测试，确保每个模块的质量和性能符合要求，提高产品整体质量和性能。

总之，采购人员应按需推动产品模块化设计，为企业降本增效。

4. 兼容设计

（1）策略定义

兼容设计是指在产品设计过程中，考虑到不同模块、组件、材料、工艺、系统之间的兼容性和互换性，以确保产品的各个部分之间可以相互配合、兼容和互换，从而提高产品的可靠性、稳定性和灵活性。

（2）应用案例

一家医疗器械企业在产品升级时，为了替代原先的信号放大器和普通电缆设计，需要使用一种独一无二的信号传输电缆。然而，由于该信号传输电缆的供应商属于瓶颈供应商，为了保障供应的稳定性和成本的可控性，设计工程师决定保留原先的信号放大器和普通电缆的安装位置。

这样一来，一旦信号传输电缆出现断供或涨价的情况，企业可以立即采用原先的信号放大器和普通电缆的方式来满足产品的功能需求。这样的举措不仅降低了供应风险，还规避了瓶颈供应商涨价的风险。

通过这种灵活的采购策略，企业能够确保产品的持续供应和稳定性，同时也能够应对不可预测的供应链风险，为企业的发展提供了一定的保障。

（3）策略原理（见图3-11-4）

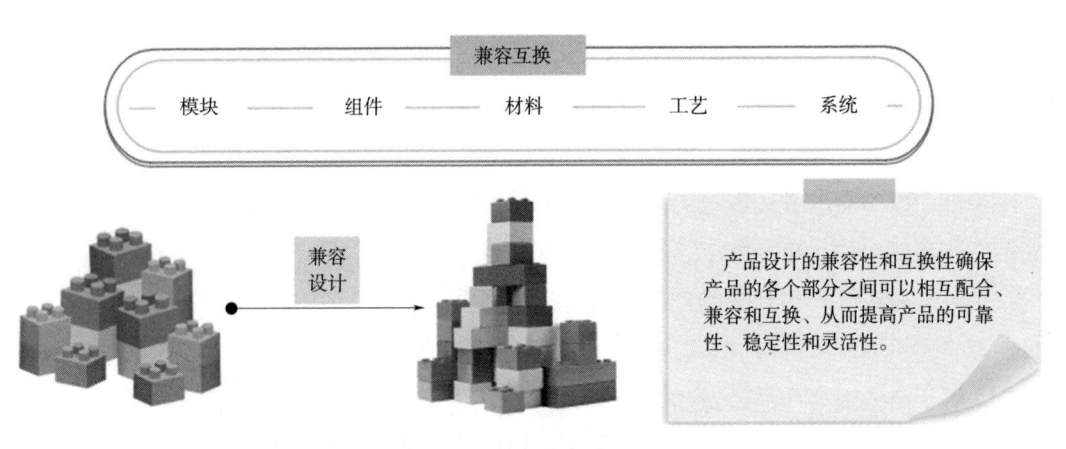

图3-11-4　兼容设计策略原理

从原理图中，我们可以看到兼容设计的重点体现在互换性上。

（4）适用场景

当一项新技术只有一家供应商提供时，企业应在采用新技术的同时，保留产品对老技术的兼容性，以便控制成本并保障供应。

因此，在遇到适用场景时，采购人员应该推动兼容设计为企业降本增效。

5. 产品对标

（1）策略定义

产品对标是指将企业的产品与市场中的同类产品进行比较，以了解企业的产品在市场上的竞争力和优劣势，发现降本增效的机会。

（2）应用案例

华为公司（简称华为）是全球领先的信息通信技术解决方案供应商，其产品涵盖了通信设备、智能手机、计算机和云服务等多个领域。为了降低采购成本，华为采取了产品对标的方法。

具体来说，华为通过对比自己的产品和竞争对手的产品，找到了相似或相同的部件和材料，并与供应商进行谈判，以降低采购成本。例如，在采购手机屏幕时，华为通过对比不同供应商的产品，找到了一款与苹果公司的手机屏幕相似的产品，并成功地与供应商谈判降低了采购成本。

通过产品对标的方法，华为成功地降低了采购成本，提高了采购效率和产品质量。这种方法还可以促进供应商之间的竞争和创新，从而推动整个供应链的优化和升级。

（3）策略原理（见图 3-11-5）

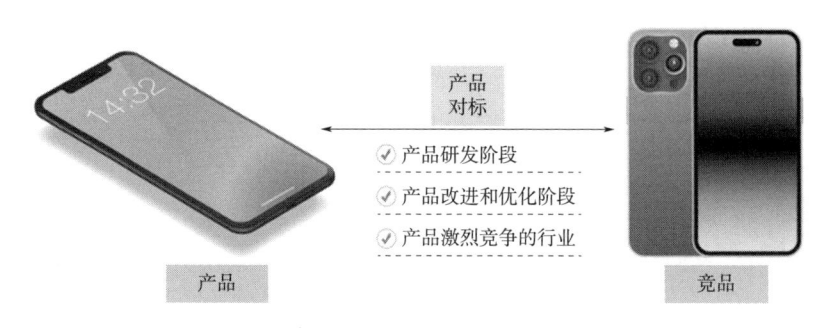

图 3-11-5　产品对标策略原理

从原理图中，我们可以看到产品对标的原理在于与竞品比较；发现自身产品的不足并加以改进。

（4）适用场景

①在产品改进和优化阶段，企业可以通过对标分析，了解市场上同类产品的优劣势和差距，制定改进和优化方案，提高产品的质量和性能，降低产品的成本，满足市场需求，增强产品的竞争力。

②在市场竞争激烈的行业，企业需要不断提高产品的质量和竞争力，降低产品的成本，通过对标分析，了解市场上同类产品的优劣势和差距，制定改进和优化方案，提高产品的竞争力，保持市场占有率。

因此，采购人员应该按需推动产品对标，为企业降本增效。

6. 技术交流

（1）策略定义

技术交流是指企业与供应商之间进行技术交流和合作，以共同开发和改进产品、工艺和技术。这种交流可以帮助企业更好地了解供应商的技术能力和创新能力，同时也可以帮助供应商更好地了解企业的需求和标准，从而共同推动产品和服务的创新和提升。

（2）应用案例

丰田汽车公司（简称丰田）的核心供应商有DENSO（电装公司）、爱信公司和丰田合成公司等，这些供应商的技术人员会长期在丰田本社的开发部门驻点，目的是在第一时间听取丰田的开发需求，第一时间开发出丰田需要的产品。

这种技术交流机制极大地降低了双方的博弈成本，使得双方能够以非常开放的心态合作，在开发周期、成本和品质等方面取得满意的结果。

同时，丰田会定期组织核心供应商召开永丰会，由核心供应商轮流主持在技术、成本、品质等方面的改善研讨议题，以寻找更多降本与产品改善的机会。

（3）策略原理（见图3-11-6）

从原理图中，我们可以看到技术交流能够帮助供应商了解企业的需

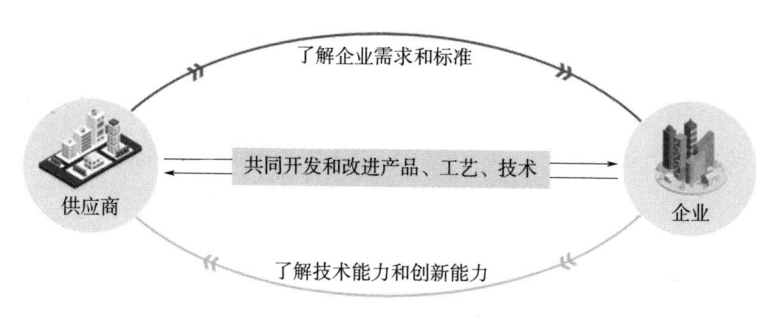

图 3-11-6 技术交流策略原理

求和标准，帮助企业了解供应商的技术能力和创新能力，以便共同开发和改进产品、工艺或技术，共同创造更多价值。

（4）适用场景

①当企业需要开发新产品时，可以与供应商进行技术交流，共同开发和改进产品的设计、工艺和性能等方面。

②当企业需要优化生产工艺时，可以与供应商进行技术交流，共同优化生产流程，降低成本和提高效率。

③当企业需要改进产品的质量和性能时，可以与供应商进行技术交流，共同改进产品的设计和制造过程，提高产品的质量和性能。

④当企业需要进行技术创新时，可以与供应商进行技术交流，共同探讨新的技术和应用，推动产品和服务的创新和提升。

⑤当企业需要降低成本时，可以与供应商进行技术交流，共同探讨降低成本的方法和途径，提高企业的竞争力。

总之，对于企业的技术需求，采购人员应该识别具备相关技术能力的供应商，促进双方的技术交流，为企业降本增效。

7. 联合开发

（1）策略定义

联合开发是指企业与供应商之间共同投入资源和技术，合作开发新产品或新技术。在联合开发过程中，企业和供应商将共同承担风险和收益，共同分享知识和技术，共同推动产品和服务的创新和提升。

（2）应用案例

2019年，苹果和高通两家公司的专利纠纷达成和解，并签署了一项多年的供应合作协议。这一合作协议不仅仅是传统的供应关系，更是一种联合开发的合作模式，体现为：

①苹果和高通共同合作开发新一代的5G移动通信技术。双方共享技术和专利，共同研发和测试新的芯片和通信解决方案，以满足市场对高速、稳定的移动通信需求。

②苹果和高通在供应链方面进行了深度整合。高通为苹果提供先进的芯片和通信模块，并与苹果的产品设计和生产团队紧密合作，以确保产品的性能和质量。

③苹果和高通共同推广新的5G移动通信技术。他们联合举办了一系列的营销活动，包括发布会、展览和广告宣传，以提高消费者对新技术的认知和接受度。

④高通为苹果的供应商提供培训和支持，以提高他们对高通技术和产品的理解和应用能力。这有助于提高整个供应链的效率和质量水平。

通过苹果与高通的联合开发合作，双方共同推出了支持5G技术的新一代iPhone产品。这些产品在市场上取得了巨大成功，满足了消费者对高速、稳定通信的需求。同时，这种合作模式也为苹果和高通带来了更多的商业机会和竞争优势。

（3）策略原理（见图3-11-7）

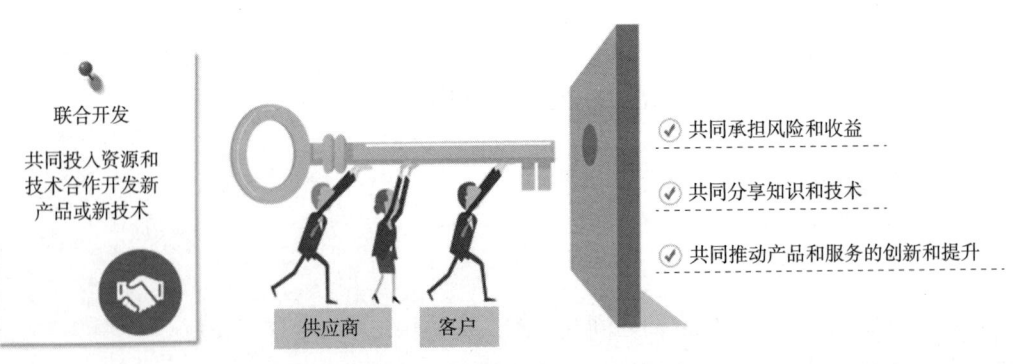

图3-11-7 联合开发策略原理

从原理图中，我们可以看到联合开发的原理是企业和供应商共同投入资源和技术，共担风险和收益，共同推动产品和服务的创新和提升。

（4）适用场景

①企业需要开发新产品，但自身技术和资源有限，需要与供应商共同合作开发新产品。

②企业需要进行技术创新，但需要与供应商共同投入资源和技术，才能实现技术创新。

因此，对于有技术能力且长期合作的供应商，采购人员可以按需推动联合开发为企业降本增效。

8. 知识产权买断

（1）策略定义

知识产权买断是指企业在与供应商合作开发产品或服务时，通过支付一定的费用，从供应商处购买其所拥有的知识产权，以确保企业在产品或服务上的独立性和竞争优势。

（2）应用案例

苹果公司在2018年以6.8亿美元的价格从戴泺格半导体有限公司购买了其部分业务和知识产权，包括电池管理技术和专利。这些技术和专利可以帮助苹果提高其产品的电池寿命和性能，增强其在市场上的竞争力。

（3）策略原理（见图3-11-8）

从原理图中，我们可以看到知识产权买断的原理是客户支付费用从供应商处购买知识产权，以获取某种技术优势。

（4）适用场景

①企业需要快速获得供应商的核心技术和专利，以提高产品的质量和性能，加快产品的上市时间，增强企业的市场竞争力。

②企业需要保护产品的商业机密和核心技术，避免供应商将技术转让给竞争对手，从而保持自己在行业中的领先地位。

③企业需要降低研发成本和风险，通过购买供应商的知识产权来避

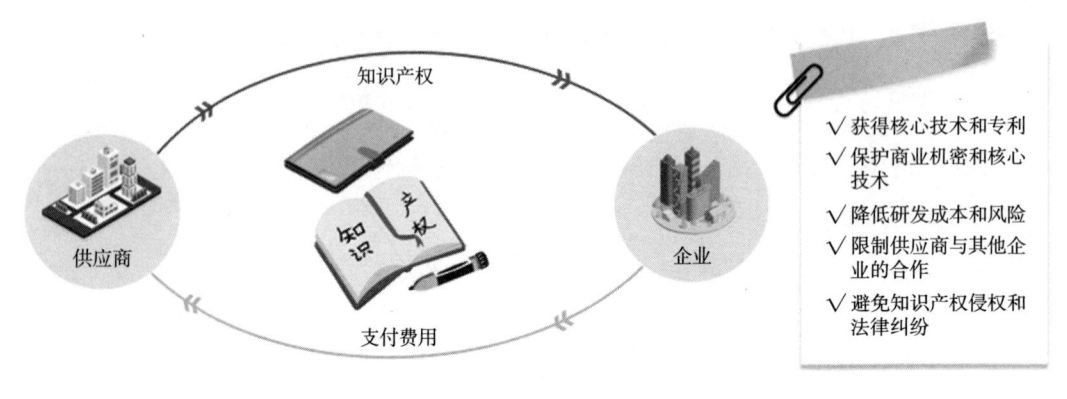

图 3-11-8　知识产权买断策略原理

免重复研发，提高研发效率和效果。

④企业需要降低对拥有知识产权供应商的依赖性，通过购买供应商的知识产权企业可以自行开发其他供应商，降低采购成本。

⑤企业需要避免知识产权的侵权和法律纠纷，通过购买供应商的知识产权来确保自己的合法权益和商业利益。

总之，对于具有某些知识产权的供应商，采购人员可以按需提议买断知识产权，为企业降本增效。

9. 技术路标协同

（1）策略定义

技术路标协同是指企业通过制定技术路标，结合市场需求和竞争环境，协调内外部资源，推进技术创新和产品开发，以实现企业战略目标的采购策略。

（2）应用案例

某公司与一家电子制造公司合作开发电子产品。这家电子制造公司是该公司的供应商，主要负责生产芯片和其他电子产品。两家公司在合作开发电子产品时，通过技术路标协同，共同制定了产品的技术规格和开发计划，并确保两家公司的技术路线相互匹配，以避免在产品开发过程中出现技术冲突和延误。

具体来说，该公司和这家电子制造公司在产品开发前，共同制定了产品的技术路标和开发计划，并在开发过程中进行了定期的技术交流和协商。双方还共同制定了产品的测试标准和质量要求，并在产品测试和验证过程中进行了密切的合作。

通过技术路标协同，该公司和这家电子制造公司成功地开发了一款高性能的电子产品，同时也建立了长期稳定的合作关系。这种合作方式不仅可以提高产品的质量和性能，还可以缩短产品的开发周期并降低开发成本，为两家公司带来了共同的商业利益。

（3）策略原理（见图3-11-9）

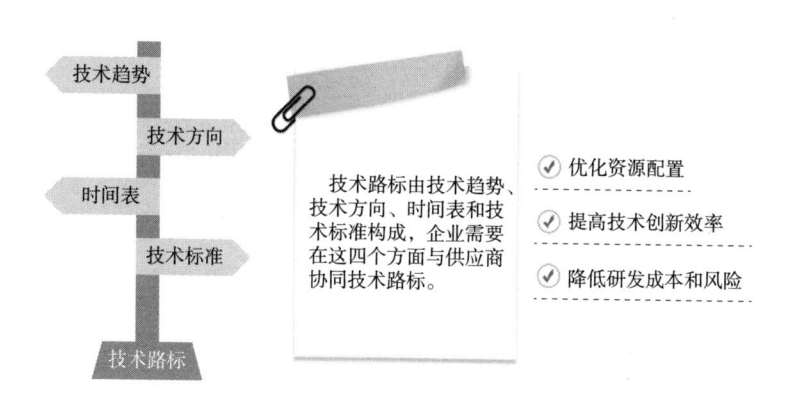

图 3-11-9 技术路标协同策略原理

从原理图中，我们可以看到技术路标由技术趋势、技术方向、时间表和技术标准构成。企业需要在这四个方面与供应商协同技术路标，从而优化资源配置，提高技术创新效率，降低研发成本和风险。

（4）适用场景

①企业参与大型项目开发，需要不同供应商的技术团队之间实现协同，以确保项目的顺利完成。

②企业需要进行产品创新，需要在不同的技术领域中与供应商协同，以推动产品创新和市场竞争力的提升。

因此，采购人员应主动了解所在公司的技术路标，积极寻找对应的供应商进行协同，以便促进技术创新和产品开发，为企业降本增效。

10. 价值工程与价值分析

（1）策略定义

价值工程（VE）是指一种基于系统分析和创新思维的管理工具，旨在通过降低成本、提高效率和质量、增加价值的手段，以实现最佳的成本效益比。价值分析（VA）是指一种系统化的方法，通过对产品或服务的功能和成本进行分析，找出不必要的成本并尽可能地减少成本，从而提高产品或服务的价值和质量，并满足客户需求。

价值分析是价值工程的前置阶段，也是价值工程的核心内容。

（2）应用案例

一家汽油公司分析发现，购买阀门75%的成本是为了防止氧化，这是一个次要功能；25%的成本是为了控制油的流量，这是一个主要功能。换句话说，有相当一部分成本并没有创造所需的价值。

因此，该汽油公司进行了设计修改，将阀门包裹在管道内部，取消了次要功能，从而成功降低了75%的采购成本。

（3）策略原理（见图3-11-10）

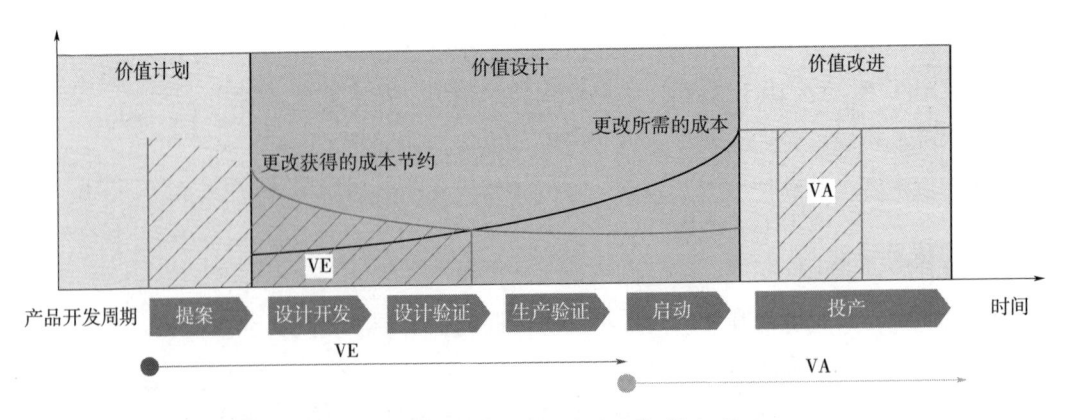

图3-11-10 价值工程与价值分析策略原理

从原理图中，我们可以看到价值工程主要应用在产品开发的前期和中期，价值分析主要应用在产品投产之后，通过价值分析与改进的手段为产品降本增效。

（4）适用场景

①价值工程：可以在产品设计阶段使用，通过对产品功能、材料、工艺、制造成本等方面进行分析，优化设计方案，提高产品性能和降低制造成本；可以在采购管理中使用，通过对采购的物料、设备、服务等方面进行分析，优化采购方案，降低采购成本，提高采购效率。

②价值分析：可以在产品研发中使用，通过分析产品的功能、性能、成本等方面，确定产品的研发方向和优化方案；可以在供应链管理中使用，通过分析供应链的各个环节，确定供应链的优化方案，降低成本，提高效率。

因此，采购人员首先要理解价值工程与价值分析的原理，再与各部门专家分析探讨，找到降本增效的机会，为企业创造更多价值。

11. 分级管理工程变更

（1）策略定义

分级管理工程变更是一种用于管理工程变更的方法。它将工程变更分成不同的级别，根据级别的不同，采取不同的管理措施和流程，以确保变更的高效性和可控性。

（2）应用案例

一家航空制造企业生产的航空产品需要经过严格的审批和认证，任何的工程变更都需要经过严格的管理和控制。为了确保变更管理的有效性和可控性，该企业采用了分级管理工程变更方法。

通过分级管理工程变更，改良性变更无须再做产品验证，使工程变更效率得到提升、管理成本得到降低且质量可控。

（3）策略原理（见图3-11-11）

从原理图中，我们可以看到分级管理工程变更的原理在于分场景简化工程变更的验证流程，从而降低验证成本，提升工程变更的效率，使得供应商可以更早开始供应。

验证流	工程管理变更			
	分级前	分级后	
	工程管理变更流程	工程管理变更场景1	工程管理变更场景2
验证1 ↓	√	√	√
验证2 ↓	√	×	×
验证3 ↓	√	×	√
验证4 ↓	√	×	×
验证5 ↓	√	×	×
验证6	√	√	√

分级管理工程变更的原理在于分场景简化工程变更的验证流程，从而降低验证成本，提升工程变更的效率，使得供应商可以更早开始供应

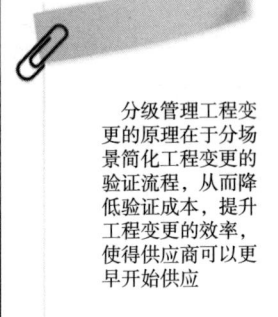

图 3-11-11　分级管理工程变更策略原理

（4）适用场景

企业需要高效地管理和控制设计变更、工艺变更和材料变更，在确保产品的质量和性能得到保证的同时满足供应要求，并节约变更成本。

因此，采购人员应该按需推动分级管理工程变更，为企业降本增效。

第十二章　财务协同

在任何企业中，财务部门都是与采购部门联系最为紧密的部门。财务部门需要确保采购部门有效控制采购成本，而采购部门则需要通过财务部门了解资金计划，及时安排付款，并向供应商有条件地提供资金支持。

在协同的过程中，我们需要思考财务部门对于采购、供应商和整个供应链会产生怎样的影响，以及如何充分利用财务资源来降低成本并提高效率。

在本章中，将介绍 4 个通过财务协同推动降本增效的策略，见表 3-12-1，以帮助企业在财务协同方面取得更好的结果。

表 3-12-1　4 个降本增效的财务协同策略

财务协同			
1. 供应链金融	2. 现金折扣	3. 延长账期	4. 缩短账期

1. 供应链金融

（1）策略定义

在采购管理中，供应链金融是指利用金融手段，通过对采购环节和供应商进行融资、结算、风险管理等服务，为企业提供资金支持和风险保障，优化采购管理流程和成本控制的一种金融服务模式。

（2）应用案例

一家生产汽车零部件的企业在采购原材料时遇到了资金短缺问题，无法按时支付供应商货款，影响了供应商的交货能力，进而影响了企业的生产计划和交货能力。为了解决这个问题，企业选择了一家供应链金融平台提供的采购融资服务。

通过供应链金融平台，企业向融资机构申请了采购融资，获得了足够的资金支持，可以按时支付供应商货款，保证了供应商的交货能力和企业的生产计划。同时，供应链金融平台为供应商提供了供应商融资服务，帮助其解决资金短缺问题，提高生产能力和交货能力，保证了采购计划的顺利执行。

通过供应链金融平台提供的采购融资服务和供应商融资服务，企业成功解决了资金短缺问题，降低了采购成本，提高了采购效率和供应链的稳定性。

（3）策略原理（见图3-12-1）

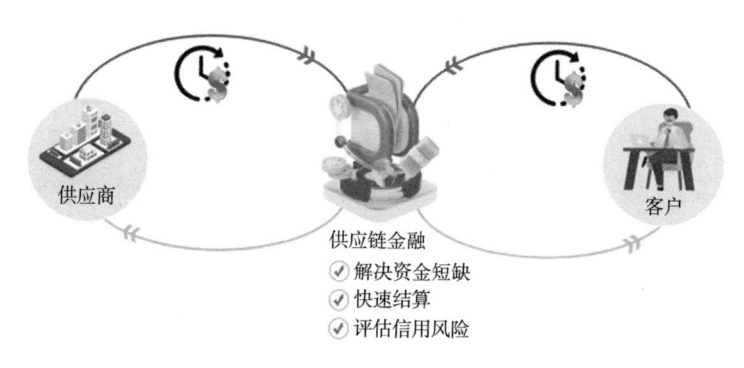

图 3-12-1　供应链金融策略原理

从原理图中，我们可以看到供应链金融能够解决客户与供应商间资金短缺问题并提供快速结算、评估信用风险等服务。

（4）适用场景

①企业在采购过程中，由于资金短缺无法及时支付供应商货款，导致采购计划受阻。此时，可以通过供应链金融平台获得采购融资支持，解决资金短缺问题，保证采购计划的顺利执行。

②企业的供应商由于资金短缺，无法按时交付货物，导致企业的采购计划受阻。此时，可以通过供应链金融平台为供应商提供融资支持，帮助其解决资金短缺问题，提高供应商的生产能力和交货能力。

③企业在采购过程中，由于采购订单和供应商结算方式不同，导致采购结算难以完成。此时，可以通过供应链金融平台实现采购订单和供应商结算的快速、安全、便捷的方式，优化采购管理流程。

④企业在采购过程中,面临供应商信用风险和交付风险等问题。此时,可以通过供应链金融平台对供应商进行风险评估和管理,降低采购风险,提高供应链的稳定性和可持续性。

总之,采购人员应该按需采用供应链金融策略,为企业降本增效。

2. 现金折扣

(1)策略定义

现金折扣是指供应商为了促进销售、加快账款回收速度,向采购方提供的一种财务优惠政策。具体来说,供应商会在发票上注明一定的折扣比例,如果采购方在规定时间内付款,就可以享受这个折扣。

现金折扣通常在账期较短的情况下提供,一般为7天或15天。这种折扣政策对于采购方来说,可以在一定程度上降低采购成本,同时也有助于提高供应商的销售额和现金流。

(2)应用案例

一家制造商与其供应商签订了一份合同,规定在发票上注明2%的现金折扣,如果采购方在7天内付款,就可以享受这个折扣。

该制造商在该供应商处每年的采购支出约为500万元,通过及时付款获得现金折扣,每年可以节省10万元的采购成本。

(3)策略原理(见图3-12-2)

回款时间	折扣
7~15天	3%
15~30天	2%
30天以上	0

- ✓ 促进销售、加快账款回收速度
- ✓ 降低采购方采购成本
- ✓ 提高供应商的销售额和现金流

图3-12-2 现金折扣策略原理

从原理图中,我们可以看到现金折扣的力度往往与回款时间有关。回款时间越短,折扣越大。

（4）适用场景

现金折扣通常要求采购方在规定时间内付款。因此，如果采购方有足够的现金流，便可以在保证及时付款的前提下享受价格折扣。

因此，对于现金流充足的企业，采购人员应该使用现金折扣策略为企业降本增效。

3. 延长账期

（1）策略定义

延长账期是指企业与供应商之间商定的付款期限被延长的采购策略。延长供应商账期的主要原因是为了缓解企业的资金压力。但过度延长账期可能会影响供应商的经营和现金流，导致供应商的不满和不稳定因素。因此，企业需要在与供应商协商新的付款期限时，充分考虑供应商的经营情况和需求，以便维护良好的合作关系。

（2）应用案例

一家电子商务企业为了提高现金流，与一家供应商协商商定了延长账期的方案。原来的付款期限为 30 天，现在延长至 60 天。供应商同意了企业的请求，双方签订了新的合同。

通过延长账期，企业成功缓解了资金压力，提高了现金流水平，降低了采购成本。供应商也从中受益，因为企业与供应商之间建立了更加稳定的合作关系，促进了长期合作。

（3）策略原理（见图 3-12-3）

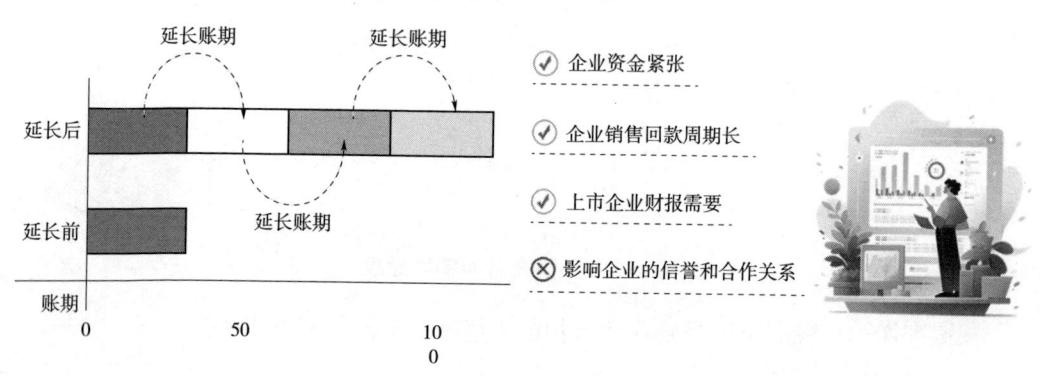

图 3-12-3 延长账期策略原理

从原理图中，我们可以看到延长账期可以缓解企业资金紧张、销售回款周期长和财报需求等问题，可以促进与部分供应商的长期合作，但是会影响企业的信誉和与其他供应商的合作关系。

（4）适用场景

①企业在经营过程中，可能会遇到资金紧张的情况，无法及时支付给供应商，延长账期可以帮助企业缓解资金压力，提高企业的现金流。

②企业的采购周期较长，需要等待销售后才能收回货款，延长账期可以帮助企业缓解资金压力，提高企业的现金流。

③某些上市企业出于对财报表现的需要，在完成财报前的固定月份，会要求部分供应商延长账期。

因此，采购人员应该按需使用延长账期策略为企业降本增效。

4. 缩短账期

（1）策略定义

缩短账期是指企业在与供应商之间的交易中，将原有的付款期限缩短的采购策略。

（2）应用案例

一家生产家具的企业，原材料的供应商数量较多，账期普遍为30天。然而，该企业发现，由于账期较长，有些供应商有时会出现逾期发货的情况，影响了企业与供应商之间的合作关系。

为了解决这一问题，该企业决定缩短账期。经过与供应商的协商，该企业将账期缩短至15天。缩短账期后，该企业可以更快地获得货物，同时也缓解了供应商的现金流压力。

（3）策略原理（见图3-12-4）

从原理图中，我们可以看到缩短账期的前提是企业的现金流充足且供应商需要资金支持。通过缩短账期，企业可以获得供应商关系、交付等方面的收益。

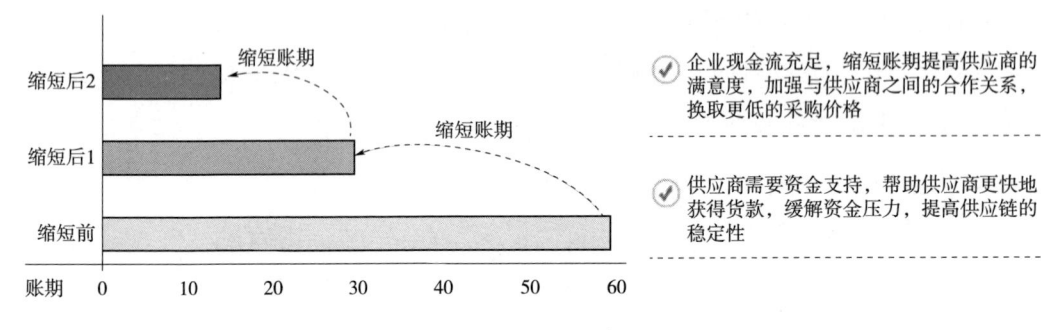

图 3-12-4　缩短账期策略原理

（4）适用场景

如果供应商需要资金支持，缩短账期可以帮助供应商更快地获得货款，缓解资金压力，提高供应链的稳定性。

因此，采购人员应该按需使用缩短账期策略为企业降本增效。

附 录
采购降本增效项目追踪表

到这里，恭喜您了解了135个降本增效的采购策略。至此，您可能已经发现了许多可以帮助企业迅速降本增效的机会。

接下来，请您将发现的降本增效机会、参与人员及职责、预期收益和行动计划全部记录在采购降本增效项目追踪表（见附表1）中，报请相关部门领导批准后，以项目管理的方式逐一落实，帮助所在企业降低采购成本，提升采购效率。

附表1 采购降本增效项目追踪表（示例）

	序 号	1	2	3	4
项目计划	品类				
	项目名称				
	项目负责部门				
	立项时间				
	进度				
	关键工作项				
	开始时间				
	结束时间				
相关组织/职能/人员	主导部门				
	主导人员				
	参与部门				
	参与人员				
	参与者职责				
收益计算（单位：千元）	24年预算金额				
	24年目标降本金额				
	24年预计降本金额				
	24年实际降本金额				
	24年剩余时间预计降本金额				
	与目标降本金额的偏差原因分析				
	24年增效目标				
	24年预计增效				
	24年实际增效				
	24年剩余时间预计增效				
	与增效目标的偏差原因分析				
2024年	1月				
	2月				
	3月				
	4月				
	5月				
	6月				
	7月				
	8月				
	9月				
	10月				
	11月				
	12月				

采购降本增效项目追踪表单填写事项说明如下：

1. 适用范围：××公司采购业务。

2. 填写者：各品类经理。

3. 收集者：采购卓越运营专员。

4. 汇报对象：采购领导者。

5. 更新频次：每月一次。

6. 输入字段定义：

（1）序号：代表项目次序（按次序填写）。

（2）项目计划：各项目的计划安排。

（3）品类：项目涉及的品类，要与品类分类目录一致。

（4）项目名称：与品类策略结合，给项目起个简短而又好记的名字，如纸箱集采。

（5）项目负责部门：对具体项目范围、进展、质量负责的部门。

（6）立项时间：记录项目正式立项的时间。

（7）进度：是否按时按质完成对应的关键工作项。例如，绿色代表按进度进行，黄色代表有风险，红色代表无法按进度完成。进度的四个状态分别为：未开始、进行中、已完成、已延迟。

（8）关键工作项：将一个项目拆分为若干关键工作项。例如，将一个纸箱集采项目拆分为澄清纸箱的质量要求、测试样品后确定入围供应商、询比价、签署合同等四个关键工作项。

（9）开始时间：关键工作项的开始时间。

（10）结束时间：关键工作项的结束时间。

（11）主导部门：主导某个关键工作项，对关键工作项的范围、时间和质量负责的部门，是唯一的部门。

（12）主导人：主导部门的具体的负责人，是唯一的负责人。

（13）参与部门：协助主导部门的相关部门，可多个部门。

（14）参与人：参与部门的具体人员，可多名人员。

（15）参与者职责：明确参与部门和参与人的职责，尤其是多部门和多人员参与时更要区分清楚。

（16）2024年目标降本金额（千元）：在立项时预计的2024年降本金额，视为目标值。

（17）2024年实际降本金额（千元）：对于已经生效的降本项目，统计已经降本的金额。例如，2024年2月底生效，在2023年3月底统计时，就要根据3月实际业务发生情况，统计实际降本金额。

（18）2024年预计降本金额（千元）：评估2024年内未实际发生业务的预计降本金额。

（19）与目标降本金额的偏差原因分析：如果2024年实际降本金额与2024年预计降本金额之和与2024年目标降本金额的差异在5%以上，则需要分析原因，甚至制定改进措施。

（20）2024年增效目标：在立项时预计的2024年增效情况，视为目标。

（21）2024年实际增效：对于已经生效的增效项目，统计已经增效的效果。

（22）2024年预计增效：评估2024年内未实际发生业务的预计增效情况。

（23）与增效目标的偏差原因分析：如果2024年实际增效与预计增效之和与增效目标的差异在5%以上，则需要分析原因，甚至制定改进措施。

7.主要关注结果：项目进度、实际降本金额、预计降本金额以及与目标降本金额相比产生偏差的原因。

例如，一家消费品企业纸箱集采项目的填写与追踪表，见附表2。

附表2　消费品企业纸箱采购降本增效项目追踪表

序　号		1			
项目计划	品类	纸箱			
	项目名称	纸箱集采			
	项目负责部门	采购部			
	立项时间	2024.09.15			
	进度	已完成	已完成	已完成	已完成
	关键工作项	澄清纸箱的质量要求	测试样品后确定入围供应商	询比价	签署合同
	开始时间	2024.03.16	2024.04.01	2024.05.06	2024.06.01
	结束时间	2024.03.31	2024.04.30	2024.05.31	2024.06.30
相关组织/职能/人员	主导部门	采购部	采购部	采购部	采购部
	主导人员	张××	张××	张××	张××
	参与部门	质量部	质量部	—	—
	参与人员	李××	李××	—	—
	参与者职责	提供不同纸箱的质量要求	跟进样品测试结果	—	—
收益计算（单位：千元）	2024年预算金额	100 000			
	2024年目标降本金额	10 000			
	2024年预计降本金额	4 000			
	2024年实际降本金额	5 000			
	2024年剩余时间预计降本金额	9 000			
	与目标降本金额的偏差原因分析	产品销量少于预期，导致纸箱用量减少			
	2024年增效目标	—			
	2024年预计增效	—			
	2024年实际增效	—			
	2024年剩余时间预计增效	—			
	与增效目标的偏差原因分析	—			
2024年	1月				
	2月				
	3月				
	4月				
	5月				
	6月				
	7月				
	8月				
	9月				
	10月				
	11月				
	12月				

关于采购策略产生的降本金额，针对不同的品类属性和不同的应用场景，企业需要选择不同的计算方法。附表3给出了10种采购降本计算方法能够涵盖几乎所有品类和主要场景。

附表3 10种采购降本计算方法

降本计算方法	基准	计算公式
1. 周期比较法	历史价格	（中标价格 – 历史价格）÷ 历史价格 × 100%
2. 询报价法	平均报价	[（中标供应商的首轮报价 – 合同价格）÷ 中标供应商的首轮报价] × 100% 或 [（首轮报价最低3家或所有供应商的平均价格 – 合同价格）÷ 首轮报价最低3家或所有供应商的平均价格] × 100%
3. 市场价格指数法	市场价格指数	（市场价格 – 中标价格）÷ 市场价格 × 100%
4. 市场价格修正法	修正的历史采购价格	（市场价格 × 修正系数 – 中标价格）÷ 市场价格 × 修正系数 × 100%
5. 预算或目标比较法	预算 / 目标价格	（预算或目标价格 – 中标价格）÷ 预算或目标价格 × 100%
6. 总拥有成本	历史总拥有成本	[（原采购总成本 – 新采购总成本）÷ 原采购总成本] × 100
7. 采购支出规避成本节约率	采购支出	在采购过程中因采购提供的需求、技术、方案优化建议而避免的采购成本支出 ÷ 原采购支出 × 100%
8. 物流降本	历史单件成本	（单件成本 – 历史单件成本）÷ 历史单件成本 × 100% × 单件成本 = 物流总费用 ÷ 发货量
9. 延长账期	历史账期	年资金成本率 ÷ 365 × （新账期 – 原账期）
10. 外购转自制	采购成本	（自制成本 – 采购成本）÷ 采购成本 × 100

有了附表1这样一张完整的采购降本增效项目追踪表单，以及附表3针对不同的品类属性和不同的应用场景的降本计算方法，再由专人定期跟进各项采购策略的落实情况，及时解决疑难问题，企业就能获得源源不断的降本增效成果。

最后，我想说，采购降本增效是一个长期而又持续的过程，需要企业和采购人员不断地进行探索和实践。因此，我建议所有采购从业者甚至企业管理者每年都要重新阅读《135个降本增效的采购策略》，根据企业采购业务的变化与发展情况每年重新填写一次所在企业采购降本增效项目追踪表，并按月跟进落地情况，不断创造新的降本增效业绩，让企业在激烈的市场竞争中立于不败之地，提高个人职场的含金量。

后　记

2023年一个周六的晚上，我感受到了久违的凌晨3点钟。

久违，是因为在2019年，我在北京利用一半的天数阅读、写作到凌晨3点钟。之后由于阅读和写作的效率提升，我渐渐将睡眠时间提早到12点钟，告别了凌晨3点钟。

这一次，在佛山一个周六的晚上，我在阅读和写作间不知不觉又到凌晨3点钟，是因为我的焦虑。

焦虑什么呢？一个咨询项目还没结束，另一个咨询项目马上又要开始，而我还要兼顾阅读和写作，时间非常紧张。

除了焦虑，之前我还有一些自我否定，怀疑自己的记忆力严重衰退，每天熬夜继续下去会影响工作和生活。直到听到一名美国作家讲述他自己的作息习惯，我才确认自己的记忆力没出问题。

这位美国作家说："为了吸纳新的观点和知识，我每天早上会吃完全一样的早餐，把昨天的记忆清空，以便观察新事物，学习新知识，保持敏感和好奇。"这与我的生活习惯如出一辙。我每天早餐都吃一样的果酱面包和蔬菜，喝一样的苹果汁和茶水。这样做是为了不浪费精力去思考每天早餐吃什么。

我常常想不起来一些见过的人和发生过的事，也是为了记住新的事物和知识。每天晚上我会将当天发生的新事物和学到的新知识记录下来，再清空大脑；第二天再吃相同的早餐，再做相同的事情；周而复始。

这样的生活，每一天都平淡无奇，甚至很枯燥，但是几个月、半年，甚至一年过后，我收集到的新案例、新知识和新方法就足以整理成一门高质量的课程和一部内容鲜活的书籍。当课程和书籍逐渐增多，我的被动收入就会逐渐增加，这就是我的目标和正在走的路。

与很多年轻人一样，我在年轻的时候，曾经追求"轻轻松松地成功"。例如，在证券牛市时，我想要辞职炒股票；在熊市时，我又手足无措；我以为学了工商管理硕士课程就能在企业当领导，可学完之后，我并没有改变；我认为对企业忠诚就能安稳，可领导一换，我却发现一切归零。直到我接受了"人生苦难重重"的事实，我才明白，从来就没有人能够随随便便地成功。

很多人都有这样一个误区，就是把成功寄希望于聪明。认为如果自己足够聪明，就能取得更大的成就，而自己之所以不成功是因为自己不够聪明。然而据我观察，聪明的人虽然反应敏捷，处理问题迅速，但若爱好广泛，会无法集中精力，未必取得想要的成就。因此，相比于聪明，我认为一个人的成就更在于纯粹：纯粹的人目标清晰，路径明确，没有杂念，一路狂奔；纯粹的人善于反思，精于修正，严于律己，不讲套路；纯粹的人浑身闪着光，是金子和太阳的颜色。

我想，每一个人如果想要树立并完成比较高远的目标，都需要抛除杂念，一心一意做好一件事，经过持续不断地学习和努力，提升自己的思维高度，构建自己的能力，找到自己想要的答案，这才是适用于每一个人的成功路径。

这个世界从来就不缺聪明人，而是缺能够一直做一件事情，直到做到极致的人。当您找到这么一件事，只是纯粹地想把它做到极致，就一定能够创造奇迹！

想要学习更多采购管理知识和案例，请您关注微信公众号"采购实战家专栏"。如需咨询或培训服务，请您在公众号留言，我将在第一时间回复。

最后，感谢文彬总、罗淼总、洪磊总、杜刚老师和梁青总对本书的倾情推荐！

感谢文彬总、杜刚老师、梁青总和段承蒙老师对本书提出的宝贵建议！

感谢家人的支持、理解与鼓励！

我们下一本书见！

笔记栏

笔记栏